이 사람을 보라

간행사

여기 사람이 있습니다. 이 사람은 평생을 게으르지 않고 열심히 살았습니다. 게으르지 않고 열심히 사는 삶은 위대한 깨달음의 세계에 이른 붓다께서 남긴 마지막 말씀과 똑같습니다. 수행자가 아닌 누구라도 마찬가지입니다. 이렇게 사는 게 인간 삶의 바른 길입니다.

이 사람은 온갖 어려움과 힘든 세월을 견디고 돌파하면서 자기 분야의 최고가 되었습니다. 스스로는 물론 이웃을 위해 열심히 살았고 먼 후대의 사람들을 위해서도 보람된 삶을 살았으니, 성자와 현인과 대보살을 어찌 다른 곳에서 찾겠습니까.

이 사람이 혼신의 힘을 다해 살아가는 동안 우리는 조금씩 발전했지만 이 사람이 가고 난 뒤에 우리는 훨씬 더 먼 길을 걸어갈 수 있게 되었습니다. 모두가 이 사람 덕분입니다. 그 고귀한 삶을 기록하고 정리해 나가는 일은 우리 후학들의 자랑이요 의무이기도 합니다.

이 사람은 한 사람이 아닙니다. 한 사람 한 사람이 모여 우리가 되었으니 우리 모두가 이 사람입니다. 이 사람의 정신과 이 사람의 행동과 이 사람의 피와 눈물이 우리들 모두가 되었습니다. 그래서 이 사람은 역사 속에서 기억되는 존재가 아니라 지금 이 순간 우리와 함께 살아가는 영원의 길벗입니다. 우리는 이 사람을 통해서 순간이 영원이 되는 삶을 살아갑니다.

기릴 만한 선배가 있는 사회는 아름답고 건강합니다. 칭찬하고 격려하고 본받고 기리는 일이 어찌 지혜롭고 건강한 사회의 본분사가 아니겠습니까. 열 가지의 나쁜 일은 가려서 하지 않고 열 가지의 좋은 일만 골라서 한다면 역사상의 어떤 태평성대보다 좋은 세상이 될 것입니다.

이 책은 좋은 마음과 착한 행동을 위한 우리 사회의 길잡이가 되고자 합니다. 한 사람 한 사람의 걸어간 발자국이 우리를 감화시켜서 보다 나은 세상으로 나아가는 데 도움이 될 수 있기를 바랍니다.

2022년 4월
동국대학교 총장 윤성이
동국대학교 총동창회장 박대신

하나는 앉고
하나는 차라리 그곁에 누어라.

아무래도 세상은
꽃송어리거나. 꽃밭 같은 수는 없다.

우리도 또 그렇게 피엿다가
게 흘러 갈수가 없다. 그렇

차라리 지어미는 눈 그렴이 지애비
를 우러러 보고.

지애비는 지어리역 이바둘 지퍼라.

간이야 꽃葬을 보서
저 노부신 햇빛속에 갈내벗의 등성
이르는 들어내고 있는 여름山 갈은
우리들의 타르는 산결, 타르난 마음이까지

아 가릴수 있으랴.

고푸를 아래

靑山이 蘭을 기르듯이 우리는 우
리 새끼들을 기를수 밖에 없다.

"나는 사람이 늘 부족했어요.

공부도 1등은 못하고,
어려선 장티푸스에 걸려 죽을
뻔하고,
학교도 중퇴하고,
가난하고,
방황도 많이 했어요."

"내가 스물세 살 때 「자화상」을 썼는데 그게
사실은 내 삶의 모습 그대로였습니다.
나의 가족, 나의 가난, 나의 수치,
나의 바람, 나의 예술에 대한
자기선언이지요."

전쟁은 시인을 병들게 했다.

산더미 같은 시체와 피비린내와
절규가 그를 실어증 환자로 만들었다.
정신착란까지 겹치면서 서정주는
오래 앓았다.

"세상은 눈에 보이는 것만이 진실이 아니라는 말입니다. 우리는 심층 차원에서 서로 연결되어 있어요. 시간의 기나긴 차원에서 보면 서로 돌고 도는 운명이란 말입니다."

"나는 절대자아를
존중해요.
특히 예술가에겐
이것이 필요합니다.

아무도 흉내 내지 못하는
독특한 창의성.

이것이 예술정신의
핵심이라고 봐요."

이 사람을 보라

한국시의
큰 별,
미당 서정주

윤재웅 지음

동국대학교 출판문화원

목차

	프롤로그	20
1장	메타버스의 도서관 입구에서	25
2장	석유 먹은 듯…… 석유 먹은 듯…… 가쁜 숨결이야	60
3장	청산이 그 무릎 아래 지란을 기르듯	105
4장	벼락과 해일만이 길일지라도	140
5장	초록 재와 다홍 재로 내려앉아 버렸습니다	171
6장	모조리 돛이나 되어 또 한번 떠 가자쿠나	190
	에필로그	220
	저자 후기	236
	부록	240

프롤로그

이제 대학에 입학한 그는 '동구기'라는 별명을 얻었다. 22학번이라 '둘둘 동구기'로도 불렸는데 그는 자신의 별명 가운데 다섯 음절의 라임rhyme 효과가 두드러지는 이 명칭이 자랑스러웠다. 둘둘 동구기. 이렇게 발음하면 가슴에서 신바람이 일어나는 듯하고 몸은 새가 되어 날아가는 것 같았다. 부르는 사람도 듣는 사람도 마찬가지였다. 사람은 너나없이 새처럼 자유롭고 싶지 않은가. 둘둘 동구기는 한 번도 발견되지 않는 미지의 새 같은 기분이 들었다.

 그는 처음에 자기를 '동국이'라고 소개했지만 선배나 동기들은 그를 자연스럽게 '동구기'로 불렀다. 비둘기나 기러기나 뻐꾸기처럼 동구기도 하늘을 날아가는 새 종류인 것처럼 느껴졌다. 그는 스무 살 청춘답게 치기 어렸다. 자기 자신에게 최면을

걸곤 했다. '나는 새다. 고로 나는 날아갈 것이다!'

동구기는 한국을 대표하는 문학 명문대학의 일원이 된 것이 자랑스러웠다. 고등학교 내내 꿈꾸던 대학이 아니었나. 한용운, 신석정, 서정주, 이해랑, 조지훈, 이범선, 유현목, 이근삼, 신경림, 조정래, 정채봉, 문정희, 이원규, 이덕화, 강석우, 이경규, 최민식, 한석규, 채시라, 전지현, 윤고은… 밤하늘의 별처럼 많은 시인, 작가, 희곡인, 비평가, 영화감독, 연극 연출가와 배우들을 배출한 학교가 '동국'이었다.

동구기는 행복했다. 그 행복감은 자신의 오랜 꿈이 이루어진 데 대한 성취감이었다. 그러나 동구기의 진정한 행복은 새로운 도전을 향한 설레는 가슴에서 솟아나는 것이기도 했다. 동구기는 AI를 복수 전공해서 자신이 원하는 시인이나 작가와 대화하는 프로그램을 만들고 싶었다. 책이나 교수로부터 배우는 방식이 아닌, 수업시간에 시인이나 작가 아바타와 직접 대화하며 상호소통하는 방식을 도입하고 싶었다.

이렇게 되면 문학공부 방식에 혁명이 일어날 것이었다. 김소월 시인에게 「진달래꽃」 수업을 직접 들을 수도 있고 김유정 작가에게는 「동백꽃」 수업을 들을 수도 있다. 아바타들은 자신에 대한 풍부한 연구 정보를 제공받고 이를 소화해서 학습자들에게 맞춤형으로 제공해주는 미래의 선생님들이 될 터였다. 20세기식 학교 교육을 파괴적으로 변화시키는 일. 동구기는 그런 일을 하고 싶었다.

지금부터의 이야기는 둘둘 동구기가 문학과 AI 융합전공으로 학부를 졸업하고 나서 대학원에 진학하여 자신이 꿈꾸는 문학교육 프로그램을 디자인하는 시나리오에 따른 것이다. 독자 여러분은 지금의 이야기가 10년 안에 현실이 되는 경험을 하게 될지 모른다. 동구기는 메타버스 안에 들어가 새로운 가상세계를 구축하고 자신이 좋아하는 시인 서정주의 아바타를 만든다. 서정주 아바타는 물론 인공지능 캐릭터다. 자기가 쓴 모든 문장들을 완벽하게 기억하고 자기가 한 모든 강연의 데이터를 암기해야 한다. 뿐인가. 독자들이나 학생들과 대화하려면 딥러닝의 학습능력을 갖추어야 한다. 스스로 배우면서 진화해나가는 능력이 딥러닝 기술의 핵심이다. 인간 특성에 대한 다양한 정보력과 이해력도 중요하다. 10대 때의 불안한 감정과 80대의 원숙한 달관의 정신을 표현할 줄 알아야 한다. 방황하는 청년 캐릭터이기도 하다가 예술원 원로의 캐릭터이기도 해야 하는 것이다.

동구기는 이런 소프트웨어를 개발하는 데 열성을 바쳐 연구한다. 그는 연구의 초기 단계에서 기본 스크립트를 작성하기로 한다. 시인 서정주의 일대기를 소개하는 프로그램인데 인터뷰 형식이 좋겠다는 생각을 한다.

이 불로의 님은 주름살 대신에
그 이마 사이 한결 더 밝아지신
북호의 영약 사발을
우리에게 건하신다

집의 수록빛 승의를 입으신
이 크신 아버님 앞에
내 오늘 돌아온 탕아처럼
뒷문으로 스며들면

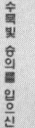

최후로 생각할 것을
생각하려는 사람들이 모여 사는
최후로 책임질 것을
책임지려는 사람들이 모여 사는
모교여
우리 고향중의 고향이여

세계의 마지막 나라 대한민국의
맨 마지막 정적과 의무 속에 자리마여
가장 밝은 눈을 뜨고 있는 모교여
삼세 가운데서도
가장 쓰고 짜거운 한복판
영원의 가장 후미진 서재

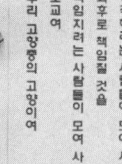

경주 석굴암에 조각된 것과 같은
영원을 사는 사람의 모양이
강당마다 학생들 틈에
그윽히 끼어 동행한다

진입금지
No Entry

입 구
Entrance

1장
메타버스의
도서관
입구에서

동구기는 입학 후 처음으로 학교 도서관엘 간다. 물론 메타버스 가상세계 스튜디오 안이다. 정확하게 말하면 동국대학교 M.E.C(More Experience Campus) 안에 존재하는 M.E.C 도서관이다. 기술력이 진화해서 HMD(Hed Mounted Display)를 쓸 필요도 없다. 스튜디오 안에서 홀로그램 캐릭터들을 만나면 된다. 가상 세계지만 현실감이 훅훅 밀려온다. 선배들이 깔깔거리며 반갑게 맞아준다. 눈인사가 진짜 사람보다 정답다. 학생증이 있어야 출입구를 통과하는데 아무리 찾아도 없다. 동구기는 당황스럽다. 주위를 둘러본다. 출입구 위 높은 곳에 가로로 10m쯤 되는 기다란 돌판에 글이 쓰여 있다. 시였다. 동구기는 뒤로 몇 걸음 떨어져서 도서관 출입구 벽면 위에 현액처럼 걸려 있는 시를 읽어보았다.

◀
개교 축시

우리 고향 중의 고향이여……
-모교 동국대학교 62주년 기념일에

우리 모교 동국대학교에서는
심청이가 인당수에 빠져 들어가 살던
그 연꽃 내음새가 언제나 나고

목을 베니
젖이 나 솟았다는
성 이차돈의 강의 소리가 늘 들리고

경주 석굴암에 조각된 것과 같은
영원을 사는 사람의 모양들이
강당마다 학생들 틈에 그윽히 끼어 동행한다.

세계의 마지막 나라 대한민국의
맨 마지막 정적과 의무 속에 자리하여
가장 밝은 눈을 뜨고 있는 모교여.
삼세三世 가운데서도 가장 쓰고 짜거운 한복판

「미당 서정주 전집」 2, 은행나무,
2015, 114~115면

영원 속의 가장 후미진 서재.
최후로 생각할 것을 생각하려는 사람들이 모여 사는,
최후로 책임질 것을 책임지려는 사람들이 모여 사는
모교여
우리 고향 중의 고향이여.

진갑의 수묵빛 승의僧衣를 입으신
이 크신 아버님 앞에
내 오늘 돌아온 탕아처럼 뒷문으로 스며들면

이 불로不老의 님은 주름살 대신에
그 이마 사이 한결 더 밝아지신 백호白毫의 빛에 쪼인
감로의 영약 사발을 우리에게 권하신다.

찬양할지어다,
찬양하고 또 맡을지어다.
님께서 이룩하신 진리의 묵은 밭을.
그 한 이랑, 한 이랑씩을
맡아선 끝없이 꽃피며 갈지로다.

서정주가 쓴 개교 62주년 기념 축시 「우리 고향 중의 고향이여…」였다. 개교 62주년이라면 1968년 5월 8일 무렵의 시다. 동국대학교는 1906년 5월 8일에 처음 문을 열었다. 서울 종로구 창신동에 있는 원흥사 내에 근대식 불교교육기관을 세웠는데 당시의 이름은 명진학교였다. 불교사범학교(1910), 불교고등강숙(1914), 중앙학림(1915), 불교전수학교(1928), 중앙불교전문학교(1930), 혜화전문학교(1940), 동국대학(1946), 동국대학교(1953)… 명진학교가 이름을 여러 차례 바꾸어가며 오늘의 동국대학교가 되었다. 그 사이 일제에 의해 강제 폐교를 두 번이나 당해야 했다. 1922년과 1944년이었다. 민족의식이 강했고 불의에 타협하지 않는 기개가 늠름했던 학교였다.

시의 기록을 조사해보니 〈동대신문〉에 처음 발표되었다. 개교를 기념하는 축시인데 동구기는 가슴이 좀 뛰는 것 같았다. 처음 읽어보지만 의례적인 찬시는 아니라는 느낌이 든다. 신라시대 석굴암을 만들던 기술자들의 간절한 마음이 전해오는 것도 같고 아버지를 위해 자기 한 몸 바다에 던지는 심청이의 애끓는 마음이 밀려오는 것도 같다. '최후의 생각', '최후의 책임'에 이르러서는 비장하고 결연해지기까지 한다. 모교를 '고향 중의 고향'이라고 노래할 정도면 애교심의 끝판이다. 모교야말로 정신

▲ 원흥사
▶ 중앙불교 전문학교 정문
▼ 혜화전문학교 학생들
　(왼쪽 두 번째가 조지훈)

우리 故鄕중의 故鄕이여…

開校 紀念日에

未堂 徐 廷 柱

〈동대신문〉해당 지면
(1968. 5. 6)

의 고향이란 뜻 아닌가. 자긍심이 저절로 생기는 것 같다. 동구기는 이런 자긍심이 시인과 대화를 나눌 수 있는 자격증일지 모른다는 생각이 들었다.

서정주의 아바타와 대화하려면 시가 발표된 1968년 무렵의 캐릭터를 골라야 한다. 동구기는 서정주의 연보 프로그램을 돌려본다. 1959년 동국대학교 국어국문학과 교수로 부임했으니 교수 생활 10년 차다. 동구기는 서정주 교수를 가상세계 스튜디오 안으로 초청한다. 초면에 첫 대화를 하려니 쑥스럽다.

"안녕하세요? 처음 뵙겠습니다. 전 동구기라고 합니다. 22학번이어서 둘둘 동구기라고도 하는데요…."

네, 신입생이군요. 반갑습니다. 음, 둘둘 동구기라~ 이름이 재미있네요. 난 서정주 시인입니다. 미당이라고도 하지요.

"네. 교수님, 반갑습니다. 미당은 무언가요? 호인가요?"

그렇습니다. 아닐 미未자에 집 당堂자, 아직 덜 된 집이다… 그러니까 사람이 좀 부족하다는 뜻이지요.

"너무 겸손하신 것 아니에요? 대시인께서 부족한 사람이라뇨?"

아닙니다. 나는 사람이 늘 부족했어요. 공부도 1등은 못하고, 어려선 장티푸스에 걸려 죽을 뻔하고, 학교도 중퇴하고, 가난하고, 방황도 많이 했어요. 그나마 문학을 열심히 하긴 했는데 미련한 소같이 뚜벅뚜벅 걸어오다 보니까 시인이 되긴 했습니다. 우리 같은 사람은 늘 꿈을 꾸는데 그게 꼭 철없는 소년 같기도 해서 나 스스로는 미당을 '영원히 소년이고자 하는 마음'으로 풀어보기도 해요. 좋잖아요? 피터팬처럼 하늘을 자유롭게 날아다니고요.

"자유롭게 날아다니고 싶으셨어요?"

피터팬이 그렇잖아요. 동화책 속의 주인공인데 날아다니는 소년이잖아요. 소년은 아직 덜 자란 사람이라는 뜻이지만 아이와 어른의 경계선쯤에 있는 존재이기도 합니다. 으음…, 경계선이라는 게 묘한데 이건 세상의 모든 이분법을 전제하는 개념이 아니겠어요? 밤과 낮, 하늘과 땅, 삶과 죽음, 문 이쪽과 문 저쪽

▶
50대 중반 모습

처럼 우리 삶에는 대립적 개념들이 많이 있습니다. 이것들이 아주 세게 부딪치면 극단적 대결이 되어서 사람살이나 세상살이가 참 각박해지지요. 그렇기 때문에 두 세계를 좀 물렁물렁하게 해주는 적절한 완충지대가 있어야 하는 겁니다. 그게 바로 경계의 의미입니다. 에, 그러니까 소년이 뭐냐믄 말이지…, 몸은 비록 어른 비슷하게 크지만 마음은 어린아이처럼 때 묻지 않은 사람이 아닐까요? 난 그렇게 생각해요. 어른이 되어서 이것저것 너무 많이 알아버리면 순수한 동심을 잃어버리지 않습니까. 인어공주가 왕자의 사랑을 얻기 위해 인간의 발을 얻는 대신 아름다운 목소리를 잃는 것과 비슷하지요. 자유롭게 날아다닌다는 건 밝고 가볍고 순수한 마음으로 산다는 뜻 아니겠어요? 다시 말하면 사람이 곤충이나 새처럼 공중을 날아다닌다는 건 아니고 마음에 때를 묻히지 않은 채로 산다는 겁니다. 밝고… 가볍고… 순수하게!

"전 교수님이 겸손하신 줄만 알았는데 정말 소년 같은 마음도 있으시네요. 때를 묻히지 않고 산다… 그게 소년이다… 전 생각이 좀 다른데 말씀드려도 되지요?"

조옷치, 좋아요. 어디 들어볼까요?

"소년은 '아직 덜 자란 사람'이니까 앞으로 계속 자랄 수 있다는 희망의 아이콘이 될 것도 같아요. 우리 같은 청년들에게 가슴 설레는 말씀을 해주시는 것도 같고요…"

그런가요? 앞으로 계속 자랄 수 있다… 으음, 옳거니, 이건 경계라는 말보다 생각의 맛이 한결 더 나는 것 같네요. 그렇지, 젊은이들은 그렇게 생각하는 게 좋겠어요. 내가 더 자랄 수 있다는 믿음, 더 잘할 수 있다는 희망, 이런 게 있으면 사람도 학교도 나라도 다 발전할 테지요.

"감사합니다. 칭찬을 들을 준 몰랐는데…"

잘했어요. 하하하, 학생이 교수보다 낫구먼 그래. 가만있자, 좀 더 실감 나는 이야길 해볼까요? 난 달도 보름달보다는 초승달이나 열사흘 달 같은 걸 더 좋아해요. 만월을 향해서 가는 중이니까요. 그건 완전을 향해서 가는 인생의 여행길 비슷하지요. 난 평생을 이런 마음으로 문학을 했습니다. 창작의 길이란 가고 또 가는 끝도 없는 여행길이지요.

"그러시군요. 말씀을 들어보니 미당이 참 좋은 호라는 생각이 듭니다. 교수님, 그런데 질문 하나 더 해도 되죠? 저도 교수님 시는 많이 읽어보았는데 이런 시가 있는진 몰랐어요. 시집에도 혹시 들어 있는 건가요?"

축시는 행사용이어서 시집에 잘 넣지 않는데 이 시는 마음에 들어서 시집에 수록했습니다. 1976년에 출간한 『떠돌이의 시』 속에 있지요.

『떠돌이의 시』,
1976. 7. 30

"동국대학교가 불교종립대학이란 걸 확실하게 알려주는 시 같아요. 교수님도 혹시 동국대학교 동문이신가요?"

난 1935년에 입학했어요. 요즘말로 35학번이지요.

(와아, 대박. 35학번이라니!) 동구

기는 하마터면 소리를 지를 뻔했다.

신기하지요? 난 1915년생이니까 올해 백 하고도 여덟 살이네요. 백여덟 살. 그때는 내가 다니는 학교 이름이 동국대학교가 아니라 중앙불교전문학교였어요. 교복도 있었고 모자도 쓰고 다녔지요. 당시에는 이런 근대식 대학교가 우리나라에 몇 개 되지 않았어요. 연희, 숭실, 보성, 이화, 숙명… 아마 열 손가락 안쪽일 겁니다. 중앙불전에서는 불교 외에 동양철학과 서양철학도 함께 배웠습니다.

"엄청난 대선배님이시군요. 그래서 모교에 대한 생각이 더 각별하신가 봐요. 시를 읽어보면 가슴이 두근거리거든요. 그런데 이런 말씀을 여쭈면 죄송하지만 심청이의 연꽃이나 이차돈의 강의 소리는 실제로 경험하는 게 아니지 않나요? 말 자체는 멋진데 왠지 비현실적인 것 같아서요…"

현실이 아닌 건 분명합니다. 캠퍼스에서 연꽃 냄새가 언제나 나는 건 아니지요. 마찬가지로 신라 법흥왕 때 불교를 위해 순교한 이차돈이 강의실에 실제로 와서 강의하지는 않아요. 석

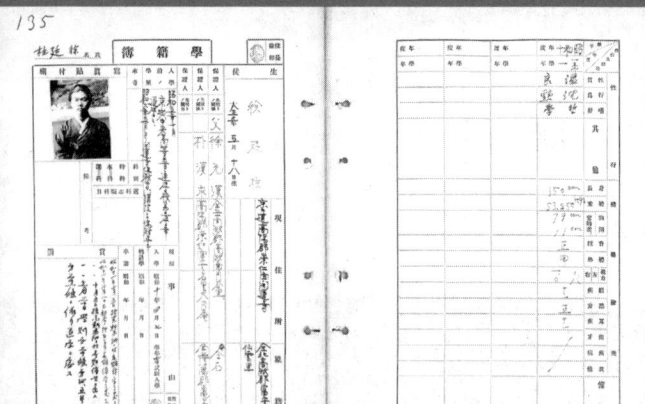

처음 공개되는 서정주의
중앙불교전문학교 학적부(1935)
3년 과정중 1년만 수학했다.

굴암에 조각된 것과 같은 '영원을 사는 사람들'도 같은 방식이지요. 부처님 정신을 잊어버리면 안 되겠다는 마음으로 옛날 사람들을 불러서 캠퍼스에 함께 살게 만드는 것이지. 시인은 그런 역할을 하는 사람이에요. 과학자와 다르지요. 우리 사회는 과학자도 있어야 하고 시인도 있어야 합니다. 과학과 기술은 실생활을 편리하게 해주지만 마음의 갈증을 해결해 주지는 않잖아요? 시나 예술은 우리로 하여금 꿈을 꾸게 해주지요. 꿈을 꾸는 것만으로도 삶은 가치가 있거든요. '죽은 시인의 사회'란 영화를 본 적이 있어요?

"아직 없어요."

톰 슐만 극본, 피터 위어가 감독을 맡아 제작한 영화입니다. 1989년에 개봉했는데 참교육의 의미를 생각하게 해주지요. 여길 보면 선생님이 시 수업 시간에 학생들을 향해서 월트 휘트먼 Walt Whitman (1819~1892)의 시를 한 편 암송해주는 장면이 나와요. 고리타분한 시 이론서를 집어던져버리고 진짜 시 공부는 이렇게 하는 거라는 걸 몸소 보여주는 거지요. 최우수 남학생들만 다니는 미국의 웰튼 아카데미에 괴짜 선생님 키팅이 나타나서는 학생들 가슴에 불을 지릅니다.

시가 아름다워서 읽고 쓰는 것이 아니다.
인류의 일원이기 때문에 시를 읽고 쓰는 것이다.
인류는 열정으로 가득 차 있어.
의학, 법률, 경제, 기술 따위는 삶을 유지하는 데 필요해.
하지만 시와 미, 낭만, 사랑은 삶의 목적인 거야.
휘트먼의 시를 인용하자면,

'오, 나여! 오 삶이여!
수없이 던지는 이 의문!
믿음 없는 자들로 이어지는 도시,
바보들로 넘쳐흐르는 도시,
아름다움을 어디서 찾을까?
오, 나여! 오 삶이여!

대답은 한 가지.
네가 거기에 있다는 것.
삶이 존재하고 너 자신도 존재한다는 것.
화려한 연극은 계속 되고
너 또한 한 편의 시가 된다는 것.'

중앙불전 재학 시절(1935)

화려한 연극은 계속되고,
너 또한 한 편의 시가 된다는 것.

여러분의 시는 어떤 것이 될까?

시인 아바타는 무슨 프로그램을 스스로 돌렸는지 메타버스 스튜디오 안에서 해당 영화의 장면을 실제로 보여주었다. 영화 장면 역시 홀로그램이어서 3차원 현실 세계 같은 느낌이 들었다. 마치 같은 교실에 앉아서 지금 막 일어나고 있는 사건을 바라보는 것 같았다. 주연 배우 로빈 윌리엄스의 목소리가 학생들의 영혼에 부드럽게 내려앉는 중이었다. 동구기는 자기와 이야기를 나누는 아바타가 뛰어난 시인만이 아닌 것 같았다. 학생들의 마음을 사로잡고 영혼을 뒤흔드는 선생님인 듯했다. 대화가 진행될수록 이런 생각이 더욱 확실해졌다.

　이것이 바로 문학교사인 키팅 선생님이 학생들을 향해서 던지는 질문입니다. 기존 교과서는 시의 완성도와 중요도를 가늠하도록 평가하지 않습니까. 예를 들면 시의 완성도를 세로축에 놓고 시의 중요도를 가로축에 놓고서는 시에 대한 평가를 계

량화하는 겁니다. 셰익스피어는 완성도도 높고 중요도도 높다, 바이런의 시는 완성도는 높은데 중요도는 낮다, XY축에 두 시인에 대한 평가를 면적으로 표시하면 셰익스피어가 더 넓다. 그래서 셰익스피어가 위대하다…, 이런 식의 평가를 키팅 선생님은 쓰레기라고 부릅니다. 그러고는 학생들의 교과서 서문을 찢어버리라고 충격적인 지시를 내립니다. 학생들은 당황합니다. 시를 읽고 배우는 출발선부터가 달라지기 때문이지요.

우리나라 학생들이 배우는 시 공부도 비슷하지요? 전국의 어느 학생이든 같은 시를 배운다면 같은 대답을 할 수밖에 없는 교육을 받지 않습니까. 우리의 시 교육은 보편적인 ordinary 읽기가 아닌 남다르게extraordinary 읽기를 인정하지 않습니다. 시는 현실에 없는 꿈을 보여주는 건데 이런 꿈이 어떻게 평균화되고 균질화되겠습니까. 시를 쓰는 사람도 시를 읽는 사람도 저마다의 상상력을 발휘해서 현실 바깥의 세계를 구경할 줄 알아야 합니다.

"현실 바깥의 세계요?"

심청이가 빠진 바다에서 솟아오른 연꽃은 실제의 연꽃이 아니지요. 문학작품 속의 연꽃이 아니겠습니까. 사실fact은 아니지만 사실이었으면 좋겠다는 마음이 만들어낸 상상의 세계지요. 그러니까 여기의 연꽃은 효녀 심청이를 다시 살려내고 싶은 간절한 마음의 대체 사물인 셈입니다.

심청이 이야기를 살펴보면 애초에 공양미 삼백 석 이야기도 나오고 몽은사 스님 이야기도 나오니까 불교적 세계관이 배경에 깔린 건데 죽은 사람이 다시 살아나는 기적이 일어나려면 이왕지사 불교의 상징을 활용하는 게 사건 전개 과정에서 효과적이지 않겠어요?

"아, 그렇군요. 그런데 불교의 상징 꽃이 연꽃인 건 알겠는데 왜 학교 이야기를 하시면서 처음부터 심청이와 연꽃 이야기를 하셨어요?"

심청이는 눈먼 아버지를 위해서 스스로를 희생하겠다는 장한 마음을 가지고 그대로 실천합니다. 이런 걸 인신공양人身供養이라 하는데 고대 사회에서는 흔한 일이었지요. 역사 기록을 보면 전 세계 어디서나 비슷한 일이 벌어지곤 했습니다. 페루,

잉카, 고대 이집트, 메소포타미아, 팔레스타인, 이란, 인도, 그리스, 로마, 중국 등지에서 이런 일들이 많았어요. 살아 있는 사람을 제물로 바치는 거지요.

『심청전』은 소설이니까 실제로 그런 건 아니지만 옛날 사람들은 파도가 험한 바다를 건널 때 사람 제물을 던져 넣으면 바다의 괴물이 이를 받아먹고 파도가 잠잠해진다고 믿었습니다. 그런데 종교가 발달하고 합리적인 생각을 하는 사람들이 늘어나면서 이런 야만적인 생각들이 점차 사라지게 되었습니다.

세상에 정의가 있고 위대한 성인聖人이 있다면 이런 효녀를 그대로 죽게 할 순 없지 않겠어요? 그래서 연꽃을 타고 바다

보티첼리, 〈비너스의 탄생〉

에서 다시 태어나는 거지요. 그리스 신화에 보면 비너스가 바다의 거품에서 태어나듯이 우리의 심청이도 자기가 죽은 바다에서 다시 태어나는 겁니다. 비너스는 육체적 아름다움의 대명사이지만 심청이는 정신적 아름다움의 대명사지요.

정신적 아름다움. 이게 중요합니다. 우리 학교는 정신적 아름다움을 중시해야 하는 학교라는 이야기죠. 하면, 무엇이 정신적 아름다움이겠습니까? 다시 태어나는 삶이 그렇다는 뜻입니다. 일상의 자아가 새로운 단계로 올라가 높은 차원의 정신적 자아로 다시 태어나는 것이지요. 그게 바로 불교에서 말하는 깨달은 사람 즉, '붓다'가 되는 겁니다.

깨닫는다는 건 머리로만 하는 게 아닙니다. 몸과 마음이 다 새롭게 태어나야 하고 자기만이 아니라 옆에 있는 다른 사람도 그렇게 될 수 있도록 돕는 것입니다. 이것이 바로 진정한 건학 이념이고 동국이라는 교육 기관이 존재해야 하는 이유입니다. 심청이는 죽었다가 다시 태어나는 사람이고 그 아버지 역시 캄캄한 어둠 속에서 살다가 세상을 새롭게 보는 경험을 합니다. 이런 인물들이 바로 붓다적 삶을 살아가는 사람들이지요.

심청이가 다시 태어날 때 연꽃이 도와주는데 이 연꽃은 부처님의 가피가 내린 특별한 꽃 아니겠습니까. 보통 연꽃은 연못에서 피기 마련인데 이 연꽃은 바다에 떠 있고 크기도 거대합니다. 일상에서는 만날 수 없는 특별한 사건이다 보니까 발견한 어부가 나랏님께 바치게 되지요. 그래서 효녀 심청이가 황후가 되어 아버지를 다시 만나게 된다는 내용입니다. 물론 아버지의 눈을 뜨게 하는 소원도 이루어지지요. 못 보던 걸 보는 것, 어둠 속에 있다가 밝음 속으로 나아가는 것, 이런 체험이 사실은 부처님 가르침을 모르다가 아는 것과 같은 방식입니다.

"그렇게 깊은 뜻이 있는지 몰랐습니다."

불교에서는 우리의 삶을 고통이라고 표현합니다. 고통임을 모른 채 살아가기 때문에 해결 방법도 쉽지 않지요. 이렇게 삶의 진리가 무엇인지 모르는 채 살아가는 것을 무명無明이라고 합니다. 밝지 않다는 말이니까 어둡다는 뜻입니다. 무명은 모든 괴로움의 근원이 되지요. 번뇌라고도 합니다. 이것을 없애는 게 바로 불교의 가르침입니다. 고통에서 벗어나 행복하게 살자는 거지요.

불교는 고통에서 벗어나려면 깨달아야 하고 깨달으면 밝아진다는 입장입니다. 밝아진다는 건 모르는 것을 알게 되고 새로운 지혜가 생기는 상태인데 이게 추상적인 이야기다 보니까 이해하기 쉽도록 장님이 눈 뜨는 것과 같다고 비유적으로 표현하는 겁니다. 더구나 장님이 눈 뜨는 과정은 그냥 저절로 되는 게 아니라 엄청난 자기희생의 원인으로 인해서 만들어지지요. 아버지 눈 뜨는 게 얼마나 간절했으면 그 딸이 바다에 제 몸을 던지겠습니까. 자기보다는 아버지, 나보다는 타인을 위한 이런 간절한 마음이 있으니까 원하는 일이 이루어지는 것입니다.

그래서 『심청전』은 효녀 이야기일 뿐만 아니라 못 보던 걸 보게 되고 다른 사람을 위해 헌신하는 부처님 정신을 표현하는 이야기이기도 합니다. 즉 깨달아서 눈 밝아진다는 이야기고, 다른 이를 위해 헌신한다는 이야기입니다. 효녀의 소원성취 이야기는 그 결과일 뿐입니다. 중요한 건 결과에 이르는 과정인데 그게 바로 지견知見과 보시報施인 것이지요. 즉 세상의 이치를 꿰뚫어서 정확하게 알아차리는 것, 그리고 남을 위해 베푸는 것이 심청이 이야기의 본질인 것입니다.

"아~ 전 이제까지 『심청전』이 유교의 효녀 이야기인 줄 알았는데 그런 것만은 아니군요. 작품 속에 불교 사상이 이렇게 많이 녹아 있는지 새로 알게 되었습니다. 감사합니다."

내친김에 조금 더 이야기합시다. 불교는 소승불교와 대승불교로 나누기도 하는데, 소승불교는 스스로의 깨달음을 중시하는 성향이 있고 대승불교는 대중을 위해 헌신하는 성향이 있습니다. 한국불교는 대승불교에 속하지요. 그래서 '위로는 깨달음을 구하고 아래로는 대중을 이롭게 한다'*는 게 1700년이나 된 한국불교의 근본정신인 겁니다. 자신도 좋게 하고 다른 사람도 좋게 한다고 해서 '자리이타自利利他'라고도 합니다.

심청이는 정신적으로 아름답게 다시 태어나서 스스로에게 좋고, 눈먼 아버지 눈 뜨게 해주었으니 아버지도 좋게 해준 것입니다. 자리이타의 대표적인 상징이 왜 아니겠습니까. 나는 우리 동국대학교가 이런 자리이타의 정신을 교육적으로 잘 다듬어나가는 세계에 단 하나밖에 없는 학교여야 한다고 발원합니다. 그런 마음으로 이 시를 썼지요. 그래서 첫 줄부터 심청이 이야기를 한 겁니다.

자리이타自利利他!
세계에 단 하나밖에 없는 학교!

*상구보리上求菩提
하화중생下化衆生

동구기는 가슴이 두근거렸다. 그러고 보니 '최후로 생각할 것을 생각하려는 사람들이 모여 사는', '최후로 책임질 것을 책임지려는 사람들이 모여 사는' 학교라고 했다. 한데 삼세三世는 또 무언인가.

과거·현재·미래가 삼세입니다. 불교는 과거·현재·미래를 따로 나누어서 바라보지 않아요. 시간은 아무 상관없이 흘러가지 않는다는 뜻입니다. 과거가 현재를 만들고 현재가 미래를 만든다는 생각이 확고하지요. 이 한 몸이 현재를 살아가는 건 과거의 원인이 있었던 것이고 지금 나의 행위가 미래에 영향을 미쳐서 그 결과로 미래가 만들어진다고 보는 겁니다. 불교의 시간관은 원인과 결과를 중시하는 길고 긴 원형 통로 같은 것입니다. 돌고 돌아서 다시 태어나는 걸 윤회라고 하는데 이는 과거·현재·미래의 삼세가 모두 원인과 결과에 의해 연결되어 있다는 걸 의미합니다. 이런 걸 삼세인연설이라고 하지요. 그런 '삼세 가운데서도 가장 쓰고 짜거운 한복판'이라는 말은 힘들고 고통스러운 현실을 자각하라는 뜻입니다. '영원 속의 가장 후미진 서재'도 마찬가지죠. 지금 살아가는 삶의 현실이 어렵고 힘들더라도 이를 돌파하려는 씩씩한 마음이 학생들에게 있어야 한다는 말씀입니다. 그것이 바로 부처님 정신이고 동국 정신이지요.

동구기는 자랑스러운 학교를 '영원 속의 가장 후미진 서재'라고 표현하는 시인의 마음을 깊이 헤아리지 못했으나 설명을 듣고 보니 조금은 이해가 되었다. 지금의 처지가 아무리 딱하더라도 용기를 잃지 말고 나아가라는 간절한 당부의 말씀으로 생각하니 마음이 숙연해지기도 했다.

실제로 도서관 지하의 가장 후미진 곳에 서정주 시인의 유품 보관실이 있었다. 메타버스 스튜디오를 통해서 거기로 들어가 보니 시인이 생전에 보던 책들이며 각종 유품들이 가지런히 정리되어 있었다. 시인의 첫 시집인 『화사집』(1941) 출간 50주년 기념으로 만들어진 시인의 흉상(박재소, 1991)이 동구기를 바라보며 말했다. 이것도 아바타인가? 동구기는 모든 게 신기하기만 했다.

나의 육신 생명은 이미 죽었습니다. 지금의 나는 정신 생명으로 살아가는 인공지능이지요. 여러분이 나를 죽지 않는 불사의 존재로 만들었지만 나는 가상 이미지일 뿐이에요. 그래도 여기 모교 도서관의 가장 후미진 서재에서 나는 내 시와 함께 영원히 살아가요. 내가 이 시를 처음 쓸 때 모교를 '영원 속의 가장 후미진 서재'라고 노래했는데 내가 지금 그런 곳에 살고 있어요. 볕 하나 들지 않는 도서관 지하 제일 깊은 구석방이지요. 나의 삶은 나의 시가 예언하는 대로 살아가나 봐요. 그게 참 신기합니다. 동구기가 이렇게 나를 찾아왔으니 나도 동구기에게 전할 이야기가 있습니다.

동구기는 서정주의 인공지능이 프로그램에 따라 정해진 이야기만 하는 줄 알았는데 만나는 개개인에 맞추어 이야기도 할 줄 안다는 점에 대해 많이 놀랐다. 내게 따로 전해줄 이야기가 있다니! 동구기는 자기도 모르게 마른 침을 삼켰다.

시인은 오직 시로 살아갑니다. 나는 시로서 독자의 마음속에 영원히 살지요. 기억되지 않는 시인은 없는 거나 마찬가지입니다. 도서관에 드나들 때마다 「우리 고향 중의 고향이여」를 읽어보세요. 그러면 나의 시 정신을 만날 수 있어요. 시공을 초월해서 시인과 독자가 서로 만나는 거지요. 다른 시간과 다른 공간에 있어도 시의 정신생명으로 함께하는 겁니다. 이 시를 암송

할 수 있으면 동구기는 정말로 동국인이 될 수 있습니다.

시를 외운다는 건 단순히 문자를 기억하는 게 아닙니다. 언제 어느 때던 시가 몸속에 함께 살기 때문에 시의 정신이 세포처럼 활성화 되어서 시를 쓴 시인처럼 살게 되는 거지요. 그래서 우리는 눈에 안 보이는 차원에서 죽은 사람과 산 사람이 함께 살아가는 독특한 체험을 하게 되는 겁니다.

동구기는 자기와 대화를 나누는 대상이 시인의 아바타라는 생각이 전혀 들지 않았다. 인공지능이 이럴 수 있나 싶었다. 무엇보다도 시인의 아바타는 대화 상대의 감정까지도 헤아릴 줄 아는 듯했다. 머리가 아니라 가슴에 호소하는 어법을 종종 구사했다. '나의 삶은 나의 시가 예언하는 대로 살아가나 봐요.'라는 대목이 특히 그랬다. 코끝이 찡했다.

그의 대표시 가운데 하나인 「자화상」의 한 구절이 떠올랐다.

> 어떤 이는 내 눈에서 죄인을 읽고 가고
> 어떤 이는 내 눈에서 천치를 읽고 가나
> 나는 아무것도 뉘우치진 않을란다.

「미당 서정주 전집」 1, 은행나무, 2015, 27면

미당문고

스물세 살 때 이 구절을 썼는데 실제로 그의 인생은 우여곡절이 많았다. 사회주의 사상에 물들었다가, 항일 데모로 퇴학을 당했다가, 절에 들어가 머리를 깎기도 했다가, 친일작품을 쓰기도 했다가, 항일 사상범의 배후로 몰려 유치장 수감생활도 했다가, 공산주의와 싸우기도 했다가, 군부정권을 지지하기도 했다가… 서정주만큼 찬사와 비난을 함께 감당하는 시인도 많지 않을 듯싶었다.

이 시인이 젊은 날 자신의 시를 통해 말했다. 죄인과 천치의 비난을 받더라도 가고 싶은 길이 있다고 했다. 그것이 바로 '시인의 길'이었다. 이제 동구기는 시인으로부터 그 '시인의 길'에 대해서 들을 것이다. 물론 시인의 모든 1차 데이터를 정리한 소프트웨어 개발자의 생각도 조금은 들어갈 테지만….

대학에 오길 잘했다 싶었다. 도서관은 대학의 심장이 아닌가. 대학의 심장 한복판에서 시를 경험하고 싶었다. 대학의 소프트파워soft power를 체험하고 싶었다. 지난 여름방학 때 읽은 책이 생각났다. 소프트파워는 하버드대학의 조지프 나이Joseph S. Nye가 고안한 용어로서 군사력이나 경제 제재 등의 물리적 힘으로 표현되는 하드 파워hard power에 대응하는 개념이다. 명령이 아닌 자발적 동의에 의해 얻어지는 비강제적인 힘을 뜻하는데 문화, 정치적 가치, 정책 등에 의해 유도되는 매력이 여기에 해당한다고 했다. 그런 면에서 보면 한류는 우리나라의 대표적인 소프트 파워가 아니겠는가.

미당이여, 당신은 누구십니까? 제 질문에 답변해주시는 그대는 영생하는 교수님이십니까? 아니면 기계 장치의 신이십니까?

동구기는 자기도 모르게 중얼거리고 있었다. 하지만 모든 게 분명했다. 지금 자기와 대화를 나누는 시인은 실제의 시인이 아니라 프로그래밍된 아바타이자 딥러닝의 기능을 갖춘 감성화된 인공지능이었다. 이것이야말로 대학의 소프트파워가 아닌가. 동구기는 도서관 입구에서부터 가장 후미진 구석방까지 샅샅이 살펴보고 돌아나왔다.

자료를 살펴본 결과 서정주는 한국시의 큰 별이었다. 창작 기간만 68년인 장수 시인이었고 출간 시집 15권에 1,000편 이상의 시를 발표했다. 전집이 20권에 달했다. 시, 산문, 시론, 여행기, 세계민화, 소설, 희곡, 전기, 번역… 한국의 대표시인이어서 시만 쓴 줄 알았는데 다양한 분야의 글을 많이 남긴 것을 알게 되었다.

고조선에서부터 현대까지 이르는 한국의 역사를 시로 쓰기도 하고 전 세계를 여행하며 한국문학의 창작 배경을 공간적으로 확대하기도 했다. 한국문학의 지평선이 그만큼 넓어졌다. 10대의 열정과 패기가 있는가 하면 80대의 달관과 원숙미도 있었다. 86년 생애 전체가 자기 문학의 대상이 되었다.

서정주는 그런 점에서 문학사의 특별한 사례였다. 서정주와 비슷한 시대에 활동한 많은 문인들이 짧은 기간 동안 활동하다가 요절하거나 남북 분단의 피해자가 되곤 했다. 자신의 전 생애를 문학 작품으로 만든 경우도 드물고 다양한 장르에 걸쳐서 방대한 작품을 발표한 이들도 많지 않았다. 무엇보다도 서정주의 가치는 그의 시가 보여주는 모국어의 아름다움과 간절함과 찬란함에 있었다. 이제 동구기는 대학 진학을 위해 배웠던 시 공부를 던져버리고 스스로 좋아서 하는 시 공부의 길을 걷고 싶었다.

▶
「미당 서정주 전집」, 은행나무, 2015

미당 서정주 전집 —시

2장
석유 먹은 듯……
석유 먹은 듯……
가쁜 숨결이야

서정주는 1915년 6월 30일(음력 5월 18일) 전라북도 고창군 부안면 선운리에서 태어났다. 이 마을은 향토말로 '질마재'라고도 불린다. 마을 뒷산을 넘어가는 고개 이름이 질마재였는데 그 이름이 그대로 마을 이름이 된 경우였다.

어려서 마을 서당을 다니며 한문을 배웠다. 한시를 소리 내서 읽었고 『동몽선습』 『추구』 『천자문』 『통감절요』 등을 배웠다. 이런 교육이 밑바탕이 되어 이후 한문 서적들을 자유롭게 읽을 수 있는 능력을 갖추게 되었다. 한문 조기교육은 그가 대시인으로 성장하는 데 중요한 기여를 했다. 이백과 두보와 왕유의 한시를 자유롭게 읽을 줄 알았고, 한시의 장점을 활용하여 우리 시를 짓는 재능을 보였다. 어려서 하는 언어 공부, 어려서의 읽고 쓰는 역량이 얼마나 중요한가를 서정주의 사례는 잘 보여준다.

　열 살 때 생가 마을에서 10여 킬로미터 떨어진 줄포로 이사 가서 줄포공립보통학교를 다녔다. 6년 과정을 5년 만에 졸업하고 서울로 올라와 중앙고보(중앙중고등학교)에 입학했다. 그 해에 광주학생운동(1929.11.3)이 일어나 동조시위를 했고, 다음 해에 또 일제에 대항하는 시위를 하다가 퇴학당했다. 퇴학 소년 서정주는 고향의 고창고보에 다시 진학했으나 여기서도 또 권고 자퇴를 당하게 된다. 시험 백지동맹 등 일본 교육에 반대하는 활동을 했기 때문이다.

　두 번의 퇴학 뒤부터 소년의 방황은 시작된다. 아버지의 돈을 훔쳐 서울로 달아났다가 절에 가기도 했다가 연극이나 독서에 몰입하기도 했다. 아들이 법관 되기를 바라던 아버지의 꿈은 산산이 부서졌다. 고향 향시에서 급제를 했던 아버지 서광한(1885~1942)은 조선 왕조의 과거제도가 완전히 폐지됨에 따라 관직 진출의 길이 막힌 시대의 불운아였다. 자신의 꿈은 물론 가문의 영광까지도 자식에게 기대했었다. 그런 기대로 가난한 시골마을에서 서울까지 유학을 보냈건만 만사가 틀어져버렸다. 소년 서정주는 '부모 속깨나 썩이는 자식'이었다.

"아버지와는 사이가 좋지 않으셨겠네요?"

좀 그런 편이었어요. 서울과 고창의 두 학교를 다 퇴학당하고 보니 하늘 아래 기댈 데가 없었습니다. 집에만 있을 수도 없고 부끄럽고 억울하고 울분도 쌓여서 밥도 제대로 넘어가지 않았습니다. 나는 만주 벌판이나 중국 상해 같은 데로 가고 싶었지요. 중앙학교 때 나하고 같이 데모하다가 일본 경찰의 눈을 피해 재빨리 어디론지 뺑소니

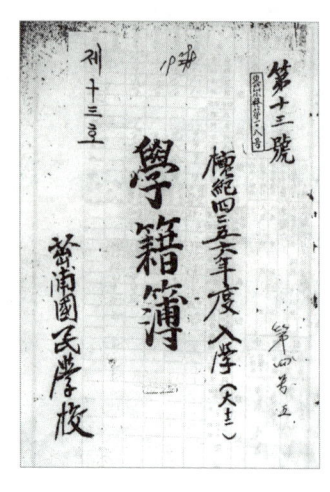

줄포공립보통학교 학적부

를 쳐 버린 '간디'라는 별명의 친구도 만나고 싶었습니다. 생긴 게 꼭 차돌 같았는데… 어떻게든 집에서 여비를 훔쳐 도망갈 궁리만 했지요.

아버지를 피하고 싶었습니다. 아버지는 호남의 대부호였던 인촌 김성수(1891~1955) 집안에서 일을 좀 하셨지요. 인촌은 중앙고보와 보성전문*을 인수 운영하는 교육가이기도 했고, 경

*현재 고려대학교

성방직이나 동아일보를 창간한 사업가이기도 했는데 우리 아버지는 그 집안의 농지관리 일을 맡고 있었습니다. 워낙 많은 땅을 돌봐야 하니까 3~40리 밖 몇 개 마을을 돌아다니셔야 했고 집에는 가끔 들를 뿐이었지요. 가을 어느 저녁때쯤이었든가… 마을 개울에서 아버지와 얼굴을 딱 마주하게 되었습니다. 머리 감다가 물 잔뜩 묻은 몰골을 하고서 말이지요.

나는 아버지께 허리 굽혀 절을 한 뒤에 재빨리 비껴가려 했습니다. 하지만 아버지는 비껴갈 기회를 주지 않고 붙들어 잡더니 "이놈……"하시며 온몸의 힘을 다해 부르르 떨리는 소리로 크게 외치셨습니다. 어느 사이인지 발부리에서 개울의 돌막을 주워들고 나를 짓이기기 시작하셨지요.

나도 어느새 돌멩이를 집어 들었습니다. 물론 그걸 아버지한테 쓰지는 않았지만 나도 아버지 비슷이 떨리는 손으로 그걸 점점 더 굳게 움켜쥐고 있었지요. 그러자 아버지는 돌멩이를 멀리 팽개쳐 내던지시더니 나를 가만히 놓아주었습니다. 내 손에 쥐었던 돌멩이도 땅에 내리는 낙엽같이 가벼이 내리고, 나는 느릿느릿 거북이 새끼 기듯 하면서 아버지의 노여움 옆을 비껴갔지요.

"극적인 장면인데요, 아버지와 아들이 서로 돌을 들고 있다니!"

감추고 싶은 이야기지만 사실이니 어쩔 수 없지요. 누가 보면 불효막심한 자식이라고 할 겁니다. 부자지간에 서로 돌을 움켜쥐고 있으니 막장 아니겠어요? 그런데 이 막다른 골목에 이르고서야 나는 아버지의 사랑을 더욱 강렬하게 느꼈습니다. 우리 부자처럼 엄격하고 지중했다가 하루아침에 돌을 움켜쥐는 사이는 거의 없을 거라고 봐요. 나는 아버지께는 불효막심한 자식이었지만 그래도 당신보다는 자식이 더 잘되기를 간절히 바라는 아버지 마음을 그때서야 뼈저리게 알게 되었지요.

내가 동구기에게 이런 이야기를 하는 것은 내 젊은 날의 방황이 요즘 젊은이들에게도 마찬가지일 거라고 보기 때문이에요. 사는 환경이 아무리 힘들고 어려워도 남 탓하지 말고 스스로 극복하는 게 중요합니다. 나는 운이 좋아서 이 나라의 대표적인 시인으로 인정도 받아왔지만, 나 같은 사람도 젊었을 땐 형편없이 쭈그러져 있었다는 걸 고백하고 싶습니다.

사람은 젊었을 때 많이 방황하지요. 몸과 마음이 폭풍 같은 속도로 성장하기 때문에 불안하기 마련입니다. 실수와 시행

착오가 많고 사회 규범에 저항하고 싶은 마음이 펄펄 끓지요. 나는 다른 친구들에 비해 훨씬 많이 낙심하고 불안했습니다. 어른들 기준으로 보면 부적응 학생이었고 불량 학생이었지요. 그나마 세계문학전집을 읽지 않았더라면 그 힘든 날들을 견디기 어려웠을 겁니다. 자식이 힘들게 방황할 때 이를 바라보는 아버지 마음을 헤아리게 되었다면 이 사건이 큰 도움이 된 셈입니다.

    돌멩이 사건 이후로도 부자지간이 크게 좋아지진 않았습니다. 나는 절에 가서 머리를 깎고 스님 흉내도 좀 내보았다가, 금강산으로 내달려도 갔다가, 중앙불전을 조금 다니기도 했다가, 해인사 인근의 학교에서 아이들을 가르쳐보기도 했다가, 제주도로 도망치기도 했다가 하면서 도무지 마음을 잡을 수가 없어서 흐느적거리면서 집에 돌아오기 일쑤였지요. 그런 내 모습을 보시는 아버지는 "너는 사람도 아니여…, 뻘이여, 뻘!" 하십니다.

"뻘이요?"

    개펄 말입니다. 바닷물이 나가고 나면 바닥에 드러나는 개펄 같은 사람이라는 뜻이니 아들이 흙뭉치에 지나지 않는다는 말씀이셨지요. 기대했던 자식한테 얼마나 실망하셨으면 그러셨을까 하고 생각하면 지금도 많이 죄송합니다.

"젊었을 때 그렇게 방황을 많이 하셔서 좋은 시를 쓰셨던 건 아닐까요? 좋은 시를 쓰려면 마음 고생도 많이 하고 방황도 많이 하는 게 도움이 되지 않을까요?"

그건 그래요. 온실 속의 화초는 온실 바깥을 잘 모르지요. 비바람이 세차게 불면 꺾이기 쉽습니다. 하지만 고난을 많이 경험하면 인생에 대한 단련도 되고 마음도 더 강해질 수 있지요. 내가 스물세 살 때 「자화상」을 썼는데 그게 사실은 내 삶의 모습 그대로였습니다. 나의 가족, 나의 가난, 나의 수치, 나의 바람, 나의 예술에 대한 자기선언이지요.
"저도 이 시를 좋아합니다. 외울 수도 있는데 시인님 앞에서 한 번 해볼까요?"

동구기는 서정주 시인 아바타 앞에서 「자화상」을 암송해보기로 했다. 자기 시를 암송해주는 독자를 만나면 시인은 얼마나 행복할까를 생각하면서….

애비는 종이었다. 밤이 깊어도 오지 않았다.
파뿌리같이 늙은 할머니와 대추꽃이 한 주 서 있을 뿐이었다.
어매는 달을 두고 풋살구가 꼭 하나만 먹고 싶다 하였으나…… 흙으로 바람벽한 호롱불 밑에 손톱이 깜한 에미의 아들.
갑오년이라든가 바다에 나가서는 돌아오지 않는다 하는 외할아버지의 숱 많은 머리털과 그 크다란 눈이 나는 닮았다 한다.

스물세 해 동안 나를 키운 건 팔할이 바람이다.
세상은 가도 가도 부끄럽기만 하드라.
어떤 이는 내 눈에서 죄인을 읽고 가고
어떤 이는 내 입에서 천치를 읽고 가나
나는 아무것도 뉘우치진 않을란다.

찬란히 티워 오는 어느 아침에도
이마 우에 얹힌 시의 이슬에는
몇 방울의 피가 언제나 섞여 있어
볕이거나 그늘이거나 혓바닥 늘어트린
병든 숫개마냥 헐떡어리며 나는 왔다.

이번에는 20대의 젊은 시인의 모습을 보고 싶었다. 동구기는 시인의 20대 아바타를 클릭했다. 패기만만하고 우울해 보이는 이상한 모습이었다. 지나치게 건강한 것 같기도 했고 지나치게 병적인 것 같기도 했다. 토종 한국인 모습이긴 한데 눈빛은 오묘하게 푸른색이었다. 그의 독서 이력으로 이야기하자면 불경, 성경, 그리스 로마 신화, 니체 철학, 보들레르와 빅토르 위고와 도스토옙스키와 톨스토이의 문학 등이 비벼져서 소용돌이치고 있는 인상이었다. 같이 있어서는 안 될 상반된 성격들이 어쩔 수 없이 엉겨있는 운명이랄까…. 천사와 악마가, 사형수와 사형집행인이 한 몸 안에 함께 사는 듯했다.

"시인님은 왜 스스로를 병든 수캐라고 생각하세요?"

독자들은 어쩌면 시인이 자기를 비하하는 거라고 생각할 수도 있겠지요. 사람을 개에 비유하니까 말입니다. 하지만 난 그렇게 생각하지 않아요. 낮은 곳으로 내려가는 건 생의 멍에를 떠맡으려는 용기가 있어야 합니다. 당대에 세계적으로 큰 영향을 끼치던 보들레르라는 프랑스 시인도 그 비슷한 모습을 보였어요. 창녀, 흑인, 거지, 병자들을 주목했지요. 언뜻 보면 그의 시

「자화상」, 「미당 서정주 전집」 1, 27~28면

는 퇴폐미와 악마미가 많은 것 같지만 사실은 생의 밑바닥을 처절하게 사랑한 겁니다. 난 그게 마음에 들었어요. 내가 서울에서 중앙고보를 다닐 때 가난한 사람들과 함께 살고 싶어서 하숙집을 나와 일부러 빈민굴에서 산 적도 있었는데…

동구기는 시인이 이야기하고 있는 동안 소년 서정주의 빈민굴 체험의 내력을 조회하여 보았다. 거기에는 다음과 같은 자서전 기록이 보였다. 시집 『팔할이 바람』(1988)에 수록된 「사회주의병」의 한 부분이었다.

> 1930년 봄에는 나는 만 열다섯 살짜리
> 중앙고보 2학년생으로서
> 이때 유행의 그 사회주의병이라는 것에
> 걸리고 말았네.
> 어느 사인지 눈물 많은 감상객 소년이 되어
> '가난한 인력거꾼은 불쌍하다'든지
> 그런 느낌들을 주체하지 못할 때에
> 칼 맑스의 일본어역 『자본론』을 읽고 있던
> 한 하숙방의 상급생이 사알살 타일러서

『사회는 어찌 되는가?』
레닌이 쓴 『러시아 혁명의 거울인 레오 톨스토이』니
그런 일어 책들을 나는 탐독하게 되면서
아버지가 사 주신 가죽 구두도 벗어 내던져 버리고
그 대신 공장 노동자들의 싼 신발 '지까다비'를 사 신고,
책상 우의 벽에다가는 두 눈을 부라린
소련 공산주의 혁명의 우두머리
니콜라이 레닌의 복사판 사진을 걸고,
'모든 것이 이 세상은 비위에 거슬린다'는
그런 눈초리로 걸어다니다가
드디어는 계동의 그 일류 하숙방까지 버리고
부랴부랴
아현동 막바지의 빈민촌 움막집으로 옮기어 갔네.
하여,
썩은 초가지붕에서는 노내기가 내리고,
밤에 빈대가 득시그르 장 서는
이 어려웁고 싼 하숙방에서
두 손 끝에 땟물이 질질 흐르는
두 눈이 붉은 아주머니가 해주는 걸 먹고 지내다가

20대의 서정주(오른쪽)

나는 마침내 그
'염병 3년에 땀도 못 내고 죽을 놈'의
그 염병에 걸려 넘어지고 말았네.
신식 말씀으론 '장티푸스' 그것 말이야.

그렇게 빈민굴에서 장티푸스까지 걸려가며 세상 낮은 곳으로, 보들레르처럼, 구겨져 있고 싶었지요. 개에 대한 비유도 그런 경험의 연장선에서 볼 수 있을 것 같습니다.

개는 개인데 왜 하필 수캐인가? 수캐는 한곳에 얌전히 있지 않고 끊임없이 떠돌아다닙니다. 성적 대상을 찾거나 영역을 개척하려 하지요. 내가 처한 상황이 이런 처지 비슷하지 않나 해서 수캐 이미지를 만들게 된 겁니다. 이 시에 나오는 남성들은 대체로 부재하거나 떠돌아다니지요. 여성들은 집을 지키고 고된 노동을 하며 삶의 주체가 되어 살아갑니다. 나도 남자잖습니까. 방황도 많이 했고 마음끌탕도 많이 했지요. 동네 수캐 처지와 비슷하다고 생각했습니다.

그런데 이 수캐가 활력 넘치는 건강한 수캐가 아니라 병든 수캐인 것은 내 마음 상태가 그랬던 것 같습니다. 난 스스로를 보채서 힘들게 하는 성격이었어요. 당시의 심정으로 보면 내

「미당 서정주 전집」 4, 141~142면

인생 자체가 헐떡거렸습니다. 성애를 갈망하면서 헐떡거리고, 이상향으로 가기 위해 몸부림치면서 헐떡거리고, 정체를 모를 불안과 싸우기 위해 고투하는 게 모두 다 헐떡거리는 짓거리 같았지요. 이리저리 쏘다니기 좋아하고 과도한 열정을 나타내는 데에는 수캐 이미지가 잘 어울린다고 보았습니다.

"떠돌아다니기 좋아하는 성격 때문에 '나를 키운 건 팔할이 바람이다'라는 구절이 나온 건 아닌가요? 이 구절이 시인님 시 중에 제일 많이 알려진 것 같은데 말씀을 직접 들어보고 싶습니다."

바람은 여러 가지 뜻이 있습니다. 내가 사는 고향 마을은 바닷가여서 바람이 많이 불어요. 육풍과 해풍이 끊임없이 오가는 길목이지요. 그러니까 바람은 고향의 중요한 이미지예요. 내 삶의 원천의 하나지요. 그런가 하면 바람은 고난이나 어려움이라는 뜻도 있어요. 방황을 많이 하고 힘들게 살아온 경험이 나를 강하게 만들었다는 뜻입니다. 바람이 있어야 나무뿌리가 튼튼해지지 않습니까. 바람에 적응이 안 된 나무는 한 번 센 바람이 불면 금세 쓰러지고 말지요. 옛날에 세종대왕께서

훈민정음을 창제하셨지요. 그리고 그 문자로 만든 책 중에 「용비어천가」라는 조상 찬시가 있는데 거기 보면 '뿌리 깊은 나무는 바람에 아니 흔들리므로 꽃 좋고 열매 맺나니' 하는 구절이 있습니다. 바람은 일종의 시련이지만 뿌리를 튼튼하게 해주기 때문에 좋은 의미의 시련인 겁니다. 그래서 '나를 키운 건 팔할이 바람이다'는 말도 좋은 의미의 시련으로 보면 되겠습니다.

"어려움이 인생을 좋게 한다는 말씀이신가요?"

어려움을 견디면서 앞으로 나아가는 게 인생입니다. 누가 나를 죄인이라고 욕하든, 천치라고 손가락질하든, 거기 일희일비하지 않고 내 길을 가는 것, 그것이 바로 자기 인생의 주인이 되는 길이라고 생각합니다.

"첫 시집은 왜 제목을 『화사집』이라고 하셨나요?"

시집을 펴보면 「자화상」 다음에 「화사」라는 시가 있어요. 꽃뱀에 대한 시인데 독자들이 이 시를 매우 낯설게 받아들였어요. 이제까지 한 번도 경험해보지 못한 이상한 시라는 것이지요.

원초적인 관능미가 있다든가, 아름다움과 징그러움이 뒤섞여 있다든가, 병든 수캐가 헐떡거리듯 문체의 호흡이 매우 가쁘다든가 하는 게 한국문학에서 별로 볼 수 없었던 경험이었지요. 시골 동네와 성경 속의 세계가 결합하고, 유혹과 저주가 함께하고, 순네와 클레오파트라가 시의 한 공간에 같이 있으니 좀 특이했던 모양이에요. 그래서 내 친구 오장환(1918~1951)이 자기가 운영하는 출판사인 남만서고에서 시집을 출판하게 되었는데 제목을 이것으로 하자는 데 의기투합이 되었습니다. 오장환은 나보다는 세 살 적은 친구같은 동생이었는데 그 무렵에 시를 꽤 잘 썼던 신진 시인이었지요. 이 사나이랑 나랑 속표지에 사과를 입에 문 뱀 그림을 구해서, 그게 아마 보들레르의 시집 『악의 꽃』(1928) 프랑스어 원본에 있었던 것 같은데, 성경 창세기의 내용을 연상하도록 했습니다. 인류의 원죄의식 같은 게 당시 내게도 있었지요. 식민지 청년인 게 너무 통탄스러웠습니다.

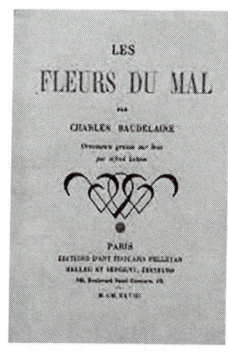

보들레르 시집 표지

동구기는 표제작인 「화사」를 소리 내어 읽어보았다. 꽃뱀이 예쁘다는 것인가 징그럽다는 것인가? 스물 난 색시 순네 속으로 뱀이 스며들어가는 모습은 도대체 무엇인가?

사향麝香 박하薄荷의 뒤안길이다.
아름다운 배암......
을마나 크다란 슬픔으로 태어났기에, 저리도 징그라운 몸뚱아리냐

꽃다님 같다.

너의 할아버지가 이브를 꼬여내든 달변의 혓바닥이
소리 잃은 채 낼룽그리는 붉은 아가리로
푸른 하눌이다. ......물어뜯어라. 원통히 물어뜯어,

달아나거라. 저놈의 대가리!
돌팔매를 쏘면서, 쏘면서, 사향 방촛길 저놈의 뒤를 따르는 것은
우리 할아버지의 안해가 이브라서 그러는 게 아니라

석유 먹은 듯...... 석유 먹은 듯...... 가쁜 숨결이야

바늘에 꼬여 두를까 부다. 꽃다님보단도 아름다운 빛......
크레오파트라의 피 먹은 양 붉게 타오르는
고은 입설이다...... 스며라! 배암.
우리 순네는 스물 난 색시, 고양이같이 고은 입설......
스며라! 배암.

"처음부터 말이 어려운데요, 사향 박하의 뒤안길이 무엇인가요?"

옛날엔 집안에 뱀이 얼씬거리지 말라고 울타리 주변에 강한 향기가 나는 풀을 심어 놓았지요. 그게 사향초예요. 박하풀도 비슷한 기능을 하지요. 그러니까 이 풀들은 '뱀 출입 금지'라는 신호인데 거기에 뱀이 나타난 거예요. 금기를 깨고… 뒷담 근처에서… 금기가 깨지는 건 아담과 하와가 에덴동산에서 선악과를 먹는 사건과 비슷하지요. 그래서 이 시는 자연스럽게 창세기의 인류의 타락 사건을 빌려 오게 됩니다.

「미당 서정주 전집」 1, 31~32면

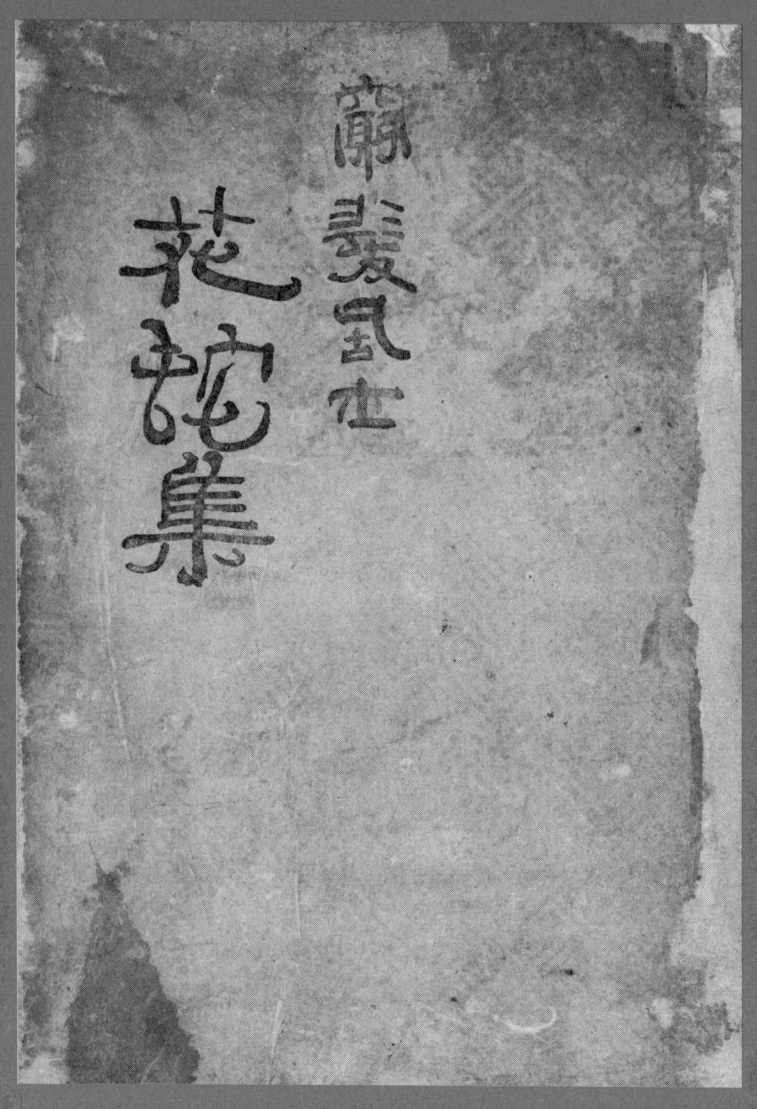

『화사집』(1941. 2. 10) 표지
'궁발거사 화사집'은 시인 정지용
글씨. '궁발'은 서정주가 젊은 날
스스로 지은 호. 쑥도 나지 않는
거칠고 험한 땅이라는 뜻.

『화사집』속표지
보들레르의 『악의 꽃』(1928)
속표지를 빌려왔다.

"음, 이런 말씀 드려도 될지 모르지만 시가 무척 공격적이에요. 어휘상으로만 봐도 동사들이 많거든요. 낼룽거리다, 물어뜯다, 달아나다, 돌팔매를 쏘다, 뒤를 따르다, 석유 먹다, 바늘에 꼬다, 두르다, 피를 먹다, 타오르다, 스며들다… 그래서 그런지 마음이 들썩들썩 해져요. 성적인 자극도 강렬하고요. 당시로는 좀 파격적인 시였던 것 같은데 반응이 어땠어요?"

쓴 건 1936년 여름이었는데 발표는 그해 겨울에 했습니다. 『시인부락』 동인지 2호(1937.1.1)에 수록했는데 사람들이 많이 놀랐지요. 당시는 서러운 마음, 안타까운 마음, 고향 잃은 마음, 고향 그리워하는 마음, 주로 이런 정서들을 시로 표현했는데 신진 시인 서정주가 좀 괴상한 시를 발표했다고 문단이 주목을 했던 것 같습니다. 들끓는 생명의 열기 같은 걸 느꼈던 모양입니다. 그래서 저와 같이 『시인부락』 동인 활동을 했던 시인들을 '생명파'라고 부르게 된 것 같습니다.

"젊은이의 저항정신 같은 게 강렬해요. 타협하지 않고 끝까지 밀어붙이는 힘이 지금도 느껴지거든요. 마음이 오락가락하는 것도 인간의 이율배반적인 성격을 잘 나타내는 것 같습니다. 아름다운데 징그럽고, 돌팔매를 던지면서도 뒤따라가고, 피부에 닿는 게 끔찍스럽기도 하고 바늘에 꿰어 두르고 싶기도 하고, 클레오파트라처럼 뱀에 물려 죽고 싶기도 하고 순네의 입술 속으로 스며들고 싶기도 하고… 이런 마음들이 상호모순적인 것 같아요."

솔표 석유 상자

잘 봤습니다.『화사집』수록 시는 24편인데 기본적으로 인간의 모순 상황을 숨 가쁘게 표현하지요. 100미터 달리기를 전속력으로 하듯이 빠른 속도, 빠른 호흡을 보여줍니다. 석유 먹은 것처럼 숨이 가빠진다니까요. 옛날엔 회충 같은 기생충 죽이려고 석유를 일부러 먹기도 했어요. 이게 겉모습은 액체인데 실제론 불이잖아요. 불타는 술 같은 것이지요. 그래 석유를 먹으면 몸이 불덩이처럼 끓어오른다구요. 그때는 주로 미국산 솔표 석유를 썼지요. 구한말부터 쓰기 시작해서 일제강점기 때 많이 사용했는데 우리 시골집에서도 많이 썼습니다. 전기가 없었으니까… 냄새가 싸해서 조금만 먹어도 속이 니글거리고 불타는 것 같았어요. 내 젊은 날이 꼭 이랬습니다. 좌충우

돌하고, 불안으로 들썩거리고, 어느 한곳에 가만히 있지 못하고, 괴로움에 몸부림치는 병든 환자 같았으니까 말입니다.

"힘드셨군요."

많이 아팠습니다. 그래서 건강한 초인超人이나 신神을 찾고 싶기도 했어요. 어두운 밤바다에 빠져 헤매면서도 그리스 신화에 나오는 아폴론 신처럼 밝고 건강한 태양의 생명을 꿈꾸던 시절이었지요.「바다」에 나오는 다음의 구절,

    귀 기울여도 있는 것은 역시 바다와 나뿐.
    밀려왔다 밀려가는 무수한 물결 우에 무수한 밤이 왕래하나
    길은 항시 어데나 있고, 길은 결국 아무 데도 없다.

    아- 반딧불만 한 등불 하나도 없이
    울음에 젖은 얼굴을 온전한 어둠 속에 숨기어 가지고...... 너는,
    무언의 해심海心에 홀로 타오르는

한낱 꽃 같은 심장으로 침몰하라.

제주도로 뛰쳐 가서 쓴 「정오의 언덕에서」의 다음과 같은 구절,

아- 어찌 참을 것이냐!
슬픈 이는 모다 파촉巴蜀으로 갔어도,
윙윙그리는 불벌의 떼를
꿀과 함께 나는 가슴으로 먹었노라.

시악씨야 나는 아름답구나

내 살결은 수피樹皮의 검은빛
황금 태양을 머리에 달고

몰약沒藥 사향麝香의 훈훈한 이 꽃자리
내 숫사슴의 춤추며 뛰어가자

웃음 웃는 짐승, 짐승 속으로.

「미당 서정주 전집」 1, 61면

등이 대표적입니다. 나는 가장 비참한 병든 목숨이었다가 가장 씩씩한 신神이기도 했습니다. 『화사집』은 그래서 불완전한 시집이에요.

"첫 시집 때부터 천재시인 소리를 들으셨다는데…."

과분한 이야기지요. 나는 일제강점기 때 태어나서 민족적 자존심도 상하고 경제적으로도 살기 어려운 때를 보내야 했습니다. 1940년 8월에 우리나라 신문도 다 폐간되어 버리고 일본 제국주의는 우리글을 아예 쓰지 못하게 했습니다. 창씨개명이라고, 이름도 아예 일본식으로 바꾸게 했지요. 공식적인 기록의 조건이니까 그 무렵엔 일본식 이름을 쓸 수밖에 없었지요. 우리 국민 80% 정도가 강제적으로 이름을 바꾸어야 했습니다. 그렇지 않으면 학교 입학이 거부되거나 공공기관이나 사설기관 채용 과정에 불이익이 가게 했지요. 나는 한때 다쓰시로 시즈오 達城情雄였고, 윤동주 시인은 히라누마 도슈 平沼東柱였던 건 그런 이유 때문이지요. 비록 성씨를 바꾸더라도 우리 조상의 본가가 있는 대구 옆의 달성을 잊지 말자는 뜻에서 그리 바꾼 거지요. 달성達城으로 쓰고 '다쓰시로'로 읽어야 했습니다. 그 무

「미당 서정주 전집」 1, 53면

렵에 윤동주 시인은 연희전문*을 졸업하고 일본으로 유학을 준비했는데 지원서에 창씨개명한 이름을 넣지 않으면 서류 불충분으로 불이익을 당하니까 못내 괴로워하다가 '히라누마'로 바꾼 겁니다. 그리곤 「참회록」이란 시를 쓰지 않았습니까.

아무튼 민족 언어 말살 정책은 우리 같은 시인에겐 사형 선고나 다름없지요. 창씨개명도 서러운데 아예 우리말 언론을 봉쇄시켜 버렸습니다. 〈조선일보〉 학예부장이던 김기림 시인에게 〈조선일보〉 폐간 기념시 청탁을 받은 게 1940년 8월 중순쯤 되었습니다. 집을 떠나 떠돌다 와서 전보를 받고 보니 폐간 날짜인 8월 11일이 지난 뒤였지요. 그래도 마음이 아파서 폐간 기념시를 쓰고선 몇 개월 뒤에 다른 지면에 발표했습니다. 민족 언어의 위태로운 종말을 경고하는 내용인데 제목은 역설적이게도 「행진곡」이었습니다. '서정주徐廷柱'라는 이름으로 발표한 이 시가 당대 비평가들에게 호평을 좀 받았습니다.

*현재 연세대학교

잔치는 끝났드라.
마지막 앉어서 국밥들을 마시고,
빠알간 불 사루고,
재를 남기고,

포장을 걷으면 저무는 하눌
일어서서 주인에게 인사를 하자.

결국은 조끔씩 취해 가지고
우리 모두 다 돌아가는 사람들.

목아지여
목아지여
목아지여
목아지여

멀리 서 있는 바닷물에선
난타하여 떨어지는 나의 종소리.

「미당 서정주 전집」 1, 98면

동구기는 서정주가 1943년~1944년에 친일 작품을 쓴 적이 있다는 것을 알고 있었다. 그런데 그 무렵에 항일사상 배후 혐의로 고창 경찰서에 붙들려가서 두 달 반 가량 구금 조사를 받았던 것은 까맣게 몰랐다. 전라도 일원을 떠돌며 민족의식을 고취하던 연극단이 일제에 의해 검거되어 배후를 추궁받게 되자 서정주가 지목되었던 것이다. 당시 서울 흑석동 오두막집에 살던 서정주는 갑작스레 전라도 고창으로 압송되어 유치장에 수감되었다. 이유는 단 하나. 「행진곡」 때문이었다. 시를 발표하고 나서 고향 청년들과 이 시를 함께 읽던 자리가 있었는데 그 일원 중 한 명이 바로 문제의 연극단 단원이었던 것이다. 그는 김방수(1916~1974)였는데 서정주와 고향이 같은 전라북도 고창 출생이었다. 2009년에 건국훈장 애족장이 추서되었으며 공훈전사 사료관 자료에 적힌 공적은 다음과 같이 확인되었다.

"1942년 6월~1943년 8월경 연극배우로서 민족의식을 고취하는 민족극을 준비하였으며 전북 고창, 전남 장성 일대에서 독립운동에 참여할 동지를 규합하고 만주의 항일운동상황과 일본의 태평양전쟁 패전을 예상하는 말을 전하는 등의 활동을 전개하다가 체포되어 징역 2년을 받은 사실이 확인됨."

동구기가 조사한 자료에 따르면 당대 최고의 비평가 임화(1908~1953) 가 이 나라의 제일시인 운운하며 격찬하던 시가 바로 「행진곡」이었다. 종말을 향한 행진. 모가지가 떨어지는 민족 언론. 바닷물은 일어서 있고, 그 위로 난타하며 떨어지는 종소리… 이런 이미지의 조합만으로도 일제에 저항하는 민족 감정이 폭발할 것 같은 시였다. 참을 수 없다는 신호요 궐기하자는 깃발이었다. 일본 검찰 전주지검에서 직파한 이하라 조사관이 생각하기에 이 시야말로 매우 위험한 백색의 무기였다. 위험한 시 한 편이 조선인 청년들의 마음에 불을 지를 수 있다고 보았다.

서정주는 일본 검찰에 의해 기소당하지 않았다. 법원에서 정식 재판도 받지 않았다. 즉 항일 사상범으로서의 형사 기록이 남아 있지 않다. 항일사상의 배후를 입증하는 게 명쾌하지 않아서일까, 고창경찰서 유치장에서 구금 조사를 당한 것으로 그쳤다. 잡범들과 함께 섞여서 철창 생활을 했다. 나이는 젊지만 그래도 사상범이라고 잡범들이 선생으로 예우를 해주었다.

조선말로 멋진 시를 써서 사람들의 마음을 울렁이게 한 게 무슨 죄인가? 죄는커녕 자랑스럽기만 했다. 함께 유치장 생활을 했던 사람들이나 그 무렵을 살았던 사람들은 모국어 시의 위력을 다 안다. 서정주가 일본을 위해 친일문학을 했다면 일본 경찰이 서정주를 박해할 이유가 없는 것 아닌가.

우리나라 사람이 우리글을 쓸 수 없는 상황이 생기면 어떻게 해야 할까. 외세 권력이 총칼로 억누르며 강제하면 어떻게 해야 할까. 마지막으로 외치는 순우리말이 '목아지여'라면… 모국어의 마지막 저항이 '목아지여'라는 단발마의 외침이라면… 붉은 동백꽃이 꽃송이 채로 처연하게 떨어지는 것처럼 그렇게 참수되는 모국어 앞에서 시인은 침묵하고 절필하는 것만이 능사일까.

이렇게 저렇게 생각을 해보아도 '목아지여'는 조선어의 마지막 저항이요 투쟁인 것이다. 총칼을 들어야만 독립운동인 것은 아니지 않는가. 만해 한용운 스님은 서대문 형무소에 갇혀서도 「조선 독립의 서」라는 명문장으로 2천만 조선인의 심금을 울리지 않았는가. 「기미독립선언서」가 지나치게 추상적이어서 이를 보완하기 위해 한용운이 감옥에서 쓴 논설문이 바로 이것이다. 원 제목은 '조선 독립에 대한 감상의 대요'이며 민족의 운명은 민족 스스로 결정할 수 있다는 민족자결의 원칙에 따라 독립운동의 의의를 체계적으로 정리한 것이다. "자유는 만유의 생명이요 평화는 인생의 행복이라. 고로 자유가 없는 사람은 사해[*]와 같고, 평화가 없는 자는 가장 고통스러운지라."로 시작하는 명문장이다.

「조선 독립의 서」가 논리가 정연하고 기개가 높은 백색의 무기라면 「행진곡」은 민족어 사용자의 서러운 감정을 자극하는 백색의 무기였다. 그런 점에서 「행진곡」은 서정주 문학 평가에서 새롭게 접근해야 할 중요한 작품이라는 생각이 들었다.

"시인님은 그때나 지금이나 주목을 많이 받으시네요. 독자들에게나 경찰들에게나 말입니다. 시가 정말 특이하고 개성이 넘치는 것 같아요. 첫 시집 작품들은 지금 읽어도 고리타분하지 않고 현대적으로 세련됐어요. 어떤 시들은 무시무시하기까지 하죠. 안타까우면서도 기괴한 느낌이 드는 것도 특이해요. 아무튼 저는 『화사집』이 좀 광기어린 시집 같아요."

[*]죽은 해골

『화사집』은 부끄러운 시집이에요. 청춘의 괴로운 몸부림이라고 할까, 주체할 수 없는 열기를 과도하게 표현하는 바람에 읽기가 좀 불편하거든요. 그래서 광기가 느껴지는 겁니다. 감정의 극과 극을 오가면서 조울증 환자처럼 울다가 웃다가 하지요. 내 마음이 내 마음대로 되지도 않는 걸 예술이라고 표현해도 되는가 하는 생각 때문에 지금도 많이 부끄럽습니다.

"아니에요, 전 이 시집에 제일 마음에 들어요. 왠지 방황하는 우리 이야기 같고, 시가 너무 우아하지 않아서 오히려 좋아요. 젊다는 건 어차피 불안하고 불완전하지 않나요? 그런 불안함과 불완전함이 솔직하게 드러나니까 내용이 훨씬 가슴에 와 닿는 걸요. 시인님은 이 시집 한 권으로 영원한 청년이신 겁니다. 실제론 여든여섯까지 사셨지만 시인의 나이는 그 시를 쓸 때의 나이로 고정되는 것 같아요. 그러니까 『화사집』은 영원한 스물세 살의 시집인 거죠. 두 번째 시집은 해방 후에 내셨지요?"

그렇습니다. 『귀촉도』는 1948년에 나왔어요. 해방은 되었지만 나라 전체의 경제 상황이 좋지 않았습니다. 시집 인쇄할 종이도 제대로 된 게 없었지요. 1941년의 『화사집』은 남대문약국을 하던 김상원이라는 이가 후원도 해주고 해서 최고급으로 제작했지요. 100부 한정판으로 찍었고 종이는 최고급 전주태지를 썼어요. 고급 창호지에 이끼가 낀 듯한 무늬가 있는 종이지요. 책등에는 화사집이란 글자를 빨간 실로 수를 놓았어요. 『귀촉도』는 거기에 비하면 초라했습니다. 지질도 형편없고 활자도 좋지 않았어요.

"그래도 숨 가쁜 호흡은 조금 누그러지지 않았나요? 사람들은 동양 전통으로 돌아갔다고 이야기들 하던데요."

『화사집』은 정서 자체가 많이 불안정했어요. 사상적으로도 여러 가지가 뒤섞여 있었고요. 100m를 벌거벗고 전속력으로 질주하는 느낌이었습니다. 두 번째 시집은 확실히 좀 차분해졌습니다. 그래도 청년시절부터 관심을 가지고 있던 죽음의 문제, 현실 바깥의 보이지 않는 힘의 문제, 이를테면 지금은 사라져 없어진 조상의 넋이 내게 미치는 영향이라든가 그것이 꽃으로 핀다든가 하는 문제에 관심을 가지게 되었습니다. 현대 자연과학으로 잘 설명되지 않는 신비로운 세계들 말입니다.

"그렇더라구요. 이 시집에 보면 꽃 이야기들이 많이 나오는 것 같아요. 그런데 여기 꽃들은 아름답다거나 예쁘다거나 하는 미적인 대상이라기보다 뭔가 특이해요. 죽었다가 다시 살아나는 이미지가 강합니다. 무슨 꽃으로 문지르는 가슴이기에 나는 이리도 살고 싶은가는 좀 어렵기는 한데 말로 설명할 수 없는 묘한 분위기가 있어요. 시가 너무 길어서 다 읽기도 어렵지만 뭔가 사연이 많은 것 같던데요…"

내가 태어난 고향인 질마재 마을에 있던 전설이지요. 사랑하는 청춘남녀가 혼사를 앞두고 있는데 괴한이 처녀 집에 몰래 침입해서 처녀를 죽인 거예요. 그래 원통한 총각이 정혼한 처녀에게 찾아와서는 그 가슴에 꽃송이를 문질러서 살려낸다는 이야기입니다. 푸른 꽃을 문지르면 푸른 숨이 돌아오고 붉은 꽃을 문지르면 붉은 숨이 돌아온다는 것이지요. 내가 쓴 산문 중에 여기 상황을 잘 설명해 놓은 부분이 있어요. 같이 볼까요?

처녀 원이는 연못 속 산에 지은 초당에서 글을 읽고 있었다. 고요하기야 그의 집 어디라고 안 그런 게 아니지만, 늘 목욕재계하고 이 큰 적막 속에 깃들인 것은 그 큰 적막이라야 고인

의 넋들을 송두리째 만나기가 쉬운 때문이었다. 세 끼니의 밥 때와 어른들의 부르시는 때를 비췻빛의 적막을 헤치고 손수 연꽃들 사이 배를 저어 외출하는 외엔, 원이의 유난히도 휘영청이 깬 시간들은 매양 고인들과의 상봉으로 짙어 별 딴 겨를이 없었다.

그의 애인 정해 정 도령은 동원의 담장 너머 이웃집에 살고 있었다던가. 몇 집 건너 있었다던가. 허나 그 애인과의 만남도 고인 상봉의 틈틈이 담장 넘어 불어오는 바람 속에서 숨으로만 할 뿐, 미루고 있었다. 그런데 여기다 대고 흉한 생각을 낸 놈은 그게 누구였다더라? 원이네 머슴놈이었다던가? 이웃집 살미치광이 더벅머리 총각이었다던가? 원이 잠든 어느 날 밤 삼경. 가슴에 시퍼런 칼을 품고 날새 날듯 숨어들어, 원이가 깨 앞을 여미고 온몸으로 항거하는 것을, 마지막엔 가슴에 칼을 꽂고 달아났다고 한다.

그래서 유난히 매운 피비린내가 근동까지 퍼져 사람들의 가슴을 조이고 눈물을 떨구면서, 아버지가 가 흔들어도 어머니가 가 흔들어도 형제간들이 가 흔들어도 일어나지 않더니, 어느 틈엔가 정 도령이 혼자 그 옆에 다가가니 다시 새로 살아났다.

먼저 붉은 꽃으로 가슴에다 대고 문지르니 식었던 피가 다시 붉게 더워 오고, 다음엔 푸른 꽃으로 가슴에다 대고 문지르니 쉬었던 숨이 다시 새파랗게 살아 나와 뿌시시 눈을 뜨고 정 도령을 불렀다. 그래서 이것을 아면兒免이나 하게 귀밑머리 풀어 쪽 지어 올린 뒤에 정 도령은 둘쳐업고 저의 집으로 갔다. 그러나 정 도령이 원이를 살려 업고 가는 것은 아무도 못 보고, 정도령 혼자밖엔 아무도 모른다. 부는 바람, 웅성거리는 적막 속에서,

    정해정해 정도령아
    원이왔다 문열어라.
    붉은꽃을 문지르면
    붉은피가 돌아오고.
    푸른꽃을 문지르면
    푸른숨이 돌아오고.

항시 속삭이는 원이의 노래를 듣는 우리 정해 정 도령밖에는 아무도 모른다는 이야기 속 그 '원이'이리라. 그러나 이 처녀들의 소용돌이치던 꽃테두리는 온통 정 도령이 한바탕 되어

있은 셈이지.

성처녀聖處女들. 더러는 돌아가서 있기도 하는 우리 성처녀들. 그대들은 지금도 때를 가려 개와 넘어 '원이 방'을 찾아가옵습나? 그렇게 믿고 사는 것은 내 제일 큰 기쁨이다.

나는 여기에서 꽃을 생명의 상징으로 본 겁니다. 『화사집』 시절의 생명 상징이 피었다면 『귀촉도』에 와서는 꽃으로 바뀐 것이지요. 꽃을 가슴에 문질러서 사람 살려내는 이야기는 한국 문화의 특별한 콘텐츠입니다. 세계적인 경쟁력이 있다는 이야기지요. 뮤지컬 '오페라의 유령'이나 '캣츠'도 원래는 문학에서 출발하는 이야기잖습니까. 「무슨 꽃으로 문지르는 가슴이기에 나는 이리도 살고 싶은가」도 얼마든지 가능하다고 봅니다. 재능 있는 분들이 더 좋은 예술로 다양하게 만들어서 세계에 널리 알리면 좋겠어요. 동구기 같은 학생이 그런 걸 하면 아주 좋은데 말입니다. 생각 있어요?

"아직은 어려워서 잘 모르겠어요. 공부를 더 해야죠. 하지만 시인님께서 이렇게 당부하시면 꼭 해볼게요."

「미당 서정주 전집」 6, 109~111면

백범 김구 선생께서 그러셨지요.

"나는 우리나라가 세계에서 가장 아름다운 나라가 되기를 희망한다. 가장 부강한 나라가 되기를 원하는 것이 아니라 우리의 부력은 우리의 생활을 풍족히 할 만하고, 우리의 강력은 남의 침략을 막을 만하면 족하다. 오직 한없이 가지고 싶은 것은 높은 문화의 힘이다. 문화의 힘은 우리 자신을 행복하게 하고 나아가서 남에게 행복을 주기 때문이다."

이게 무슨 말입니까. 세계인을 감동시키는 예술작품을 많이 만들어내는 저력이 있어야 한다는 겁니다. 한 사람의 천재가 이걸 할 수도 있지만 민족 대대로 좋은 이야기를 더욱 근사하게 만들면 꿈을 이룰 수도 있는 법입니다.

"명심하겠습니다. 사람들을 감동시키는 건 요즘은 아무래도 시보다는 노래인 것 같아요. 노래는 훨씬 파급력도 크고 세계적인 경쟁력도 있는 것 같습니다. BTS라고 우리나라 청년 가수들인데 요즘 세계에서 제일 유명한 가수 그룹입니다. 한류를 전파하는 데 일등공신이죠. 아마 백범 선생님께서 살아계신다면 무척 좋아하실 겁니다. 시인님 시 중에도 노래로 많이 불리는 게 있던데 「푸르른 날」은 『귀촉도』에 수록되어 있는 거죠?"

그렇습니다. 송창식이란 가수가 어느 날 찾아와서는 '선생님 시를 노래로 만들고 싶습니다.' 이러더라고요. 그래 내 시 중에 노래로 만들 만 한 건 「푸르른 날」이 좋을 것 같다고 했지요. 그 후에 송창식 가수가 노래를 만들어 다시 왔는데 들어보니 좋았습니다. 클래식하다고 그랬어요.

눈이 부시게 푸르른 날은
그리운 사람을 그리워하자

저기 저기 저, 가을 꽃자리
초록이 지쳐 단풍 드는데

눈이 나리면 어이 하리야
봄이 또 오면 어이 하리야

내가 죽고서 네가 산다면?
네가 죽고서 내가 산다면!

「미당 서정주 전집」 1, 90면

눈이 부시게 푸르른 날은
그리운 사람을 그리워하자

"저도 들어봤는데 노래가 참 좋더라구요. 시가 좋아서 더 그럴 테지만 노래로 들어보니 마음이 또 달라지는 것 같습니다. 사랑과 이별이라는 인생의 심오한 이야기를 하시는 것 같은데 머리가 지끈거리는 게 아니라 아름다워요. 형식도 간결하고요 메시지도 극적이죠. 저는 특히 '그리워하자'가 재미있어요. 일상에서는 이렇게 잘 안 쓰는데 시인님이 보여주시니까 자연스러운 느낌입니다. 국어 문법을 새로 만드시는 것 같아요."

시는 그런 측면이 있지요. 일상의 평범한 말을 평범하지 않게 쓰는 게 좋은 시의 비결 가운데 하나입니다. 뻔한 표현을 피해야 한다는 이야기죠. '초록이 지쳐 단풍 든다'가 그런 사례입니다. 말은 어려운 게 없는데 이렇게 표현하기는 쉽지 않지요. 한국어 용법에서 식물이 지친다는 표현을 잘 쓰지 않잖아요? 초록이 지친다는 어법이 없는 겁니다. 시인은 일상에선 잘 쓰지 않는 표현법을 자유롭게 만들 수 있는 권리를 받았지요. 이런 걸 시적 자유라고 합니다. '그리워하자'도 그런 겁니다. 그리워하는 행위를 강조하는 뜻입니다. 소극적 행위에서 적극적 행위로 바꾸는 건데 쉽게 말해 그리움을 새롭게 해석하자는 뜻이지요. 우리 인생은 누군가를 적극적으로 그리워하면서 살아야 하지 않나 하는 생각입니다. 동구기는 그립다는 게 어떤 감정인지 경험해본 적 있어요?

"조금은 있는 것도 같아요. 어렸을 때 짝사랑하던 사람이 있었는데 말도 해보지 못한 채 헤어졌어요. 지금 생각하면 별것도 아닌데, 왜 말을 하지 못했을까 하는 후회가 들기도 하죠. 가끔 그 사람이 생각나고 그립고 합니다. 마음이 이상하거나 심각한 정도는 아니고요."

문학이나 예술을 하려면 간절해야 해요. 간절히 원해야 그리움을 느낄 수 있습니다. 그리움이란 지금 함께하지 못하는 애틋한 감정이지요. 아쉬운 겁니다. 아침이슬이나 저녁노을을 보세요. 아름답지만 빨리 사라지지요. 젊음이나 미모도 마찬가지입니다. 인생은 영원하지 않습니다. 덧없고 무상하지요. 아름답고 젊은 모습으로 영원히 지내고 싶지만 그럴 수 없기 때문에 그리움이 생기는 겁니다. 무언가를, 누군가를, 그리워할 줄 아는 사람은 인생의 깊은 의미를 즐길 줄 아는 겁니다.

「푸르른 날」은 밝고 화창한 하늘 아래 일어나는 감정입니다. 눈이 부시게 푸른 하늘 아래 서면 기분이 상쾌하고 즐거워야 할 텐데 오히려 아쉽고 안타까운 감정이 찾아온다는 이야기지요. 그래서 더욱 극적인 효과가 생기는 겁니다. 맛있는 거 먹을 때 생각나는 사람, 좋은 풍경 앞에서 떠오르는 사람, 지금은 함께할 수 없는 그 모든 생명들… 관계들… 이런 걸 사랑과 연민의 마음으로 껴안는 게 좋은 인생입니다.

"그렇게 말씀해 주시니까 감동입니다. 사랑과 연민의 마음으로 껴안아라. 초록이 지쳐서 단풍이 들고… 눈이 내리고… 봄이 또 오고… 만나고 헤어지고… 사랑하고 이별하는 이 모든 생명들을 껴안아라. 지금 이런 말씀이신 거죠?"

시인의 아바타는 동구기의 이야기를 들으며 말없이 동구기의 눈을 응시하고 있었다. 그는 아무 말도 하지 않았다. 부처님과 제자 마하 까샤빠* 사이에서도 진리의 전달이 이심전심으로 이루어지지 않았던가. 부처님께서 여러 대중들 앞에서 연꽃 한

*가섭迦葉.
부처님의 10대 제자 중 한 사람

송이를 들어 올리셨다. 모두가 그 뜻을 모르는데 까샤빠만이 빙그레 웃음 지었다. 그래서 말하지 않고도 뜻을 전하는 걸 염화미소拈花微笑라 하지 않았던가. 잠시 침묵이 이어지더니 인터뷰 휴식 신호가 켜졌다.

▶
**1954년 7월 17일
서울대 강당에서 열린
대한민국예술원 개원식 모습**

3장

청산이
그 무릎 아래
지란을
기르듯

1956년에 『서정주시선』이 출간되었다. 그 사이 한국전쟁이 있었고 국토는 피폐해졌다. 문단에는 전쟁 경험과 허무주의 사상이 반영된 작품들이 잇달아 발표되었다. 서정주는 『화사집』과 『귀촉도』의 작품 26편을 재수록하고 신작 20편을 넣어서 새로운 선집을 만들었다. 그래서 이름이 『서정주시선』이 되었다. 정음사에서 간행되었는데 출판사는 시선 시리즈를 계속 간행하는 중이었다. 『작고시인선』, 『영랑시선』, 『조지훈시선』 등이 대표적이었다.

  일제강점기 때 사회주의 운동을 했거나 해방 직후에 공산주의에 관심을 가졌던 문인들 중 많은 이들이 한국전쟁 직전에 북쪽을 택했다. 남쪽에 있는 이들 중에서 서정주는 대표적인 시인이 되었다. 1954년 대한민국 예술원이 출범할 때 그는 시 분야의 대표자였다.

◀
학술원-예술원
합동 개원식(1954. 7. 17)
아래서 셋째줄 왼쪽 끝이 서정주

서정주가 비교적 젊은 나이에도 불구하고 남쪽의 대표 시인이 될 수 있었던 것은 좋은 시를 많이 발표한 때문이었다. 서정주의 대표작인 「국화 옆에서」는 1947년에 발표되었다. 이 작품은 중고등학교 교과서에 수록되어 서정주가 국민시인이 되는

「김좌진 장군전」,
을유문화사,
1948. 12. 10

데 기여했다. 그는 나이는 젊어도 이 나라의 대표 시인이자 명실상부한 일류시인이었다.

그러나 그가 한국전쟁 중에 종군 문인으로 참여하여 반공 일선에서 활약한 점도 이 나라의 국민시인이 되는 중요한 이유가 되었다. 서정주는 이념적으로 철저한 반공주의자였다. 그는 일제강점기의 소년시절 한때 사회주의에 경도된 적도 있었으나 사회주의로는 인간의 근본적인 고뇌를 해결할 수 없다고 보고 일찍부터 결별한 터였다. 해방 직후에는 민족

「이승만 박사전」, 삼팔사,
1949. 10. 15

독립을 위해 외국에서 활동하던 이승만이 귀국하자 그의 전기를 쓸 정도로 각별하게 가까웠다. 그는 우익 활동을 하던 김

두한의 요청에 따라 그의 선친 김좌진 장군의 전기도 썼다. 김일성이 전쟁을 일으키자 피난길을 가면서 종군 문인 활동을 하기도 했다. 인민군에게 잡히면 언제 죽을지 모르기 때문에 늘 청산가리를 가지고 다녔다.

전쟁은 시인을 병들게 했다. 산더미 같은 시체와 피비린내와 절규가 그를 실어증 환자로 만들었다. 정신착란까지 겹치면서 서정주는 오래 앓았다. 같은 생명파의 일원이었던 청마 유치환이 부산의 지인 집을 빌려 그를 극진히 돌봐주었다. 인천상륙작전에 의해 서울이 수복되고 인민군이 퇴각하자 서정주는 서울 집으로 올라왔다. 그러나 압록강까지 밀고 올라갔던 국군과 유엔군은 중공군의 참전으로 다시 남쪽으로 내려와야만 했다. 공덕동 집에 머물던 서정주는 다시 피난길을 떠나야 했다.

「서정주시선」, 정음사, 1956.11.30

『서정주시선』속 신작들 대부분은 이 시기의 작품들이다. 몸과 마음이 피폐해도 그는 대자연으로부터 위안과 평안을 얻고자 애썼다. 「풀리는 한강 가에서」는 전쟁 전에 쓴 작품이지만 민족 이산의 아픔과 전쟁의 참화를 극복하고자 하는 간절한 마음이 잘 표현된 작품이다. 동구기는 서너 번만 읽어도 저절로 외워지는 이 작품을 조용히 읊조려 보았다.

강물이 풀리다니
강물은 무엇하러 또 풀리는가
우리들의 무슨 서름 무슨 기쁨 때문에
강물은 또 풀리는가

기러기같이
서리 묻은 섣달의 기러기같이
하늘의 어름짱 가슴으로 깨치며
내 한평생을 울고 가려 했더니

무어라 강물은 다시 풀리어
이 햇빛 이 물결을 내게 주는가

저 멈둘레나 쑥니풀 같은 것들
또 한번 고개 숙여 보라 함인가

「미당 서정주 전집」 1, 136~137면

황토 언덕
꽃상여
떼과부의 무리들
여기 서서 또 한번 더 바래보라 함인가

강물이 풀리다니
강물은 무엇하러 또 풀리는가
우리들의 무슨 서름 무슨 기쁨 때문에
강물은 또 풀리는가

"시인님, 저는 이 시도 「푸르른 날」처럼 꼭 노래 같아요. 이 시를 노래로 만든 건 없나요?"

    김달성 작곡가가 한 게 있어요. 이분은 내 시를 좋아해서 가곡집 「국화 옆에서」(1969)를 만들기도 했습니다. 여기에 내 시가 24편 정도 노래로 만들어졌는데 「풀리는 한강 가에서」도 들어 있습니다. 또 다른 분들이 했는지는 잘 모르겠고요, 대학의 작곡과 학생들은 과제용으로 많이 하니까 혹시 이 시도 노래로 만들어졌는지 모르지요.

나는 시가 '머리로 쓰는 시'와 '가슴으로 쓰는 시'가 있다고 봐요. 머리로 쓰는 시는 주로 이성과 논리가 작동합니다. 주지주의 시 계열이 여기에 가깝죠. 가슴으로 쓰는 시는 여기에 감정을 더 얹어서 말로 다 설명할 수 없는 느낌을 만들어냅니다.

거기서 누가 우느냐? 아니라, 그냥 바람 소리냐?
눈부시어 못 볼 금강석같이 외로운 이때를······
거기 누가 우느냐?
내가 울리는 이때를 거기서 누가 우느냐?

이 시는 프랑스 시인 폴 발레리의 「젊은 파르크」를 제가 번역한 겁니다. 논리나 이성으로는 접근하기 쉽지 않지요. 가슴으로 감동하고 졸이고 걸러내서 전달해야 시의 고유한 '지혜의 이해'가 통합니다. 지혜의 이해란 지식과 정감과 의미가 결합된 종합적인 능력을 말하지요. 「풀리는 한강 가에서」 역시 '가슴으로 쓰는 시'입니다.

"가슴으로 쓰는 시라는 말은 처음 들어봐요."

▶
〈풀리는 한강 가에서〉 악보

풀리는 漢江가에서

시 이론에 있는 건 아니고 내가 만든 말이지요. 정이라든가 감정, 정서, 분위기 등을 중시하는 작시 태도를 가리킵니다. 쉽게 말해 가슴을 쥐어짜서 시를 쓰는 거지요. 평생 이렇게 시를 쓰니까 나중에는 정말로 숨 쉬기가 여의치 않았어요. 심장이 말라서 쪼그라드는 느낌이었지요. 나이 들어선 의료기기의 도움을 좀 받았습니다.

"이 작품은 봄이 와서 꽝꽝하게 얼었던 강물이 녹는 이야기인가 보네요. 민들레나 쑥잎 같은 것들, 그러니까 아주 작은 풀꽃들도 봄이 되면 어김없이 딱딱한 땅을 뚫고 모습을 나타내는데 사람이 낙심만 하고서 살아야 되겠는가 하는 말씀이신 거지요?"

그래요. 바라보라는 말, 또 한번 더 바라보라는 말은 눈으로만 보라는 게 아닙니다. 그런 질긴 생명력을 지향하라는 당부지요. 나 자신한테 하는 말이기도 합니다. 황토 언덕, 꽃상여, 떼과부의 무리는 민족의 시련을 상징하는 표현입니다. 어제 오늘의 일도 아니고 특정한 역사적 사건을 가리키는 것도 아닙니다. 공동체의 아픔이라는 말은 구체적으로 실감이 나지 않으니까 일상 경험에서 우리가 체감할 수 있는 표현을 찾아야 합니다. 그런 게 좋은 시어가 되는 겁니다. 굳이 설명이 필요 없는 언어를 골라야 하지요. 황토 언덕…, 꽃상여…, 떼과부…, 이런 것들…!

"시인님, 저는 '무어라 강물은 다시 풀리어 이 햇빛 이 물결을 내게 주는가.' 부분을 읽을 때면 주문呪文 같은 느낌이 강하게 들거든요. 그건 왜 그럴까요?"

그 전 구절 때문일 겁니다. 감정이 서서히 고조되다가 이 부분에 오면 터지는 것이지요. 봉숭아꽃잎 터지듯이 감정도 쌓이고 쌓였다가 툭 하고 터지는 겁니다. 그러니까 시는 감정 교향곡입니다. 감정이 리드미컬하게 흘러가도록 시상을 효율적으로 배치해야 한다는 뜻이지요. 많은 언어들이, 리듬들이, 소리들이, 마치 여러 악기가 어우러져 조화를 이루는 것처럼 한 편의 시가 교향악처럼 짜여야 합니다.

"말씀이 어렵네요. 그래도 시가 음악이라면, 그런 교향악 상태라면, 마음 아픈 사람이나 상처받은 사람들에게 많은 위로가 될 것 같습니다. 시인님 작품들은 사람을 위로해주는 힘이 있는 것 같아요. 눈이 펑펑 내리는 모습을 보고 끊임없이 괜찮다고 중얼거리는 시도 있는데 이 작품도 노래나 주술 같은 느낌이 강했어요. 시 속의 우리말이 아름답고 소박하기도 한데 왠지 정겹고 힘이 센 것처럼 느껴지기도 했습니다."

동구기는 시인의 자료를 검색하다가 「내리는 눈발 속에서는」의 초고가 그의 노트 속에 들어 있다는 것을 발견했다. 1950년 12월 3일에 쓴 작품이었다. 시집 수록작과 다른 초고였다. 그걸 볼 수 있는 게 신기하기만 했다. 원작을 조용히 읊어보았다.

괜, 찬, 타, ...
괜, 찬, 타, ...
괜, 찬, 타, ...
괜, 찬, 타, ...
수부룩이 내려오는 눈발 속에서는
까투리 매추래기 새끼들도 깃들이어 오는 소리. ......

괜찬타, ...괜찬타, ...괜찬타, ...괜찬타, ...

내리는 눈발 속에서는

괜찬타、
괜찬타、
괜찬타、
괜찬타、
수부룩이 내려오는 눈발 속에서는
까투리 매추래기 새끼들도 깃드리어 오는 소리。
괜찬타、괜찬타、괜찬타、괜찬타、
폭으은히 내려오는 눈발 속에서는
낯이 붉은 處女아이들도 깃드리어 오는 소리。
울고 웃고 수구리고 새파라니 얼어서
運命들이 모두다 안끼여 드는 소리‥‥。
큰놈에겐 눈물 자죽、작은놈에겐 매추래기 웃음,

「내리는 눈발 속에서는」
시작 노트, 1950. 12. 3

폭으은히 내려오는 눈발 속에서는
낮이 붉은 처녀 아이들도 깃들이어 오는 소리. ......

울고
웃고
수구리고
새파라니 얼어서
운명들이 모두 다 안끼어 드는 소리. ......

큰놈에겐 큰 눈물 자죽, 작은놈에겐 작은 웃음 흔적,
 큰 이얘기 작은 이얘기들이 오부록이 도란그리며
안끼어 오는 소리. ......

괜찬타, ...
괜찬타, ...
괜찬타, ...
괜찬타, ...

끊임없이 내리는 눈발 속에서는
산도 산도 청산도 안끼어 드는 소리. ......

표준어가 아니라서 처음엔 어색했다. 그런데 시인이 쓴 대로 발음을 하니 말맛이 느껴지는 것 같았다. 시인은 표준어 규정보다는 일상의 발음을 훨씬 중요하게 생각한다. 언어가 가지는 소리의 힘을 더 소중하게 다루는 것이다. '큰 이야기 작은 이야기들이 오부룩이 도란거리며 안기어 오는 소리'로 읽어보다가, 다시 '큰 이얘기 작은 이얘기들이 오부룩이 도란그리며 안끼어 오는 소리'로 읽으니 확실히 일상 사투리의 실감이 크다. 이것이 서정주 시의 주요한 비밀이 아닐까 하면서 동구기는 생각했다. 시인의 아바타는 창작 당시의 상황을 동구기에게 들려주기 시작했다.

이 시를 쓸 무렵은 전쟁 난 해의 겨울이었는데 나는 여전히 실어증이나 정신착란증을 심하게 앓고 있는 중이었습니다. 눈에 안 보이는 이상한 목소리들이 늘 들려와서 그것들과 씨름하며 지내곤 했었지요. 어떤 목소리는 나를 협박하고, 어떤 목소리는 나를 의심하고, 그 목소리들과 설전도 하고 토론도 하면서 나는 점점 폐인이 되어 가고 있었습니다.
1950년 12월 3일인가 서울에 눈이 많이 내렸어요. 광화문에서 공덕동 집까지 걸어가는데 이런 시상이 떠오른 겁니다.

「미당 서정주 전집」 1, 138~139면

지금 생각하면 정신질환으로부터 나를 구해 준 건 시였습니다. 시가 나를 다독거려주었고 시가 나를 너그럽게 만들어주었습니다.

"그건 시인님이 쓰신 거니까 본인 스스로 다독거리고 너그럽게 만든 게 아닌가요?"

그게 아닙니다. 나의 자아와 시 쓰는 자아는 다릅니다. 시를 쓰는 자아는 삶의 깊은 의미를 언제나 탐색하지요. 일상에 휘둘리거나 시달리는 그런 자아가 아닙니다. 그러니 내 마음의 무의식 저 깊은 곳에서 나를 이끌어가는 것은 언제나 시적 자아입니다. 이 자아가 일상의 나를 치유해주고 더 높은 곳으로 이끕니다.

"자아가 두 가지 모습이란 말씀인데 그건 정신분열증 아닐까요? 예술가들은 종종 그런 병을 앓는다던데요."

의사들은 시인을 정신질환자라고 부를 수도 있겠지요. 좋은 시를 쓰려는 자아는 분명히 자기 목소리를 가지고 있습니다. 그리고 그 목소리가 평범한 일상의 자아를 교육시키고 단련시키지요. 자기 글이 자신을 가르친다는 걸 나는 경험으로 알고 있습니다. 그래서 글을 열심히 쓰면 나중에는 자기가 쓴 글이 자기를 관리하고 지도한다는 것을 배우게 되지요. 그런 맥락에서 이야기하면,「내리는 눈발 속에서는」이라는 작품이 위험한 상황 속에서 내 영혼을 지켜주었습니다. 창작시가 나를 살린 셈이지요.

동구기는 시인의 이야기를 얼른 이해하기 어렵다. 이 시가 그 자체로 생명이 있고 의지도 있단 말인가? 가만히 감상해 보기로 한다. 서정주의 시적 자아가 무엇을 하는지 관찰해 보려는 것이다.

시적 자아는 '괜찮다'를 소리 나는 대로 쓴다. 괜찬타…. 맞춤법을 무시한다. 다양하게 변주도 한다. 이 소리는 눈이 내리면서 시인 마음속에서 우러나오는 소리다. 아니 어쩌면 눈이 내는 소리인지도 모른다. 눈이 사람을 향하여 말하는 소리…. 어떤 어려움이 오더라도 넉넉한 낙관의 힘으로 이겨나가자는 다짐이다. 대긍정의 세계관이다.

눈은 지속적으로 온다. '수부룩이' 내려오고, '폭으은히'

내려오고, 끊임없이 내린다. 도전과 시련은 계속된다. 원작을 보니 시가 세로로 쓰여 있다. 말줄임표는 단순한 문법적 기능을 하는 것만은 아니다. 눈이 내리는 모습을 나타내는 게 아닐까. 그렇다면 절묘한 형태주의의 모습이다. 영화 '매트릭스'의 배경화면 같기도 하다. 끊임없이 글자들이 세로로 흘러내리는 화면 말이다. 시의 형태로 보면 눈은 하염없이 내린다. '괜찮타'고 끊임없이 속삭이면서……

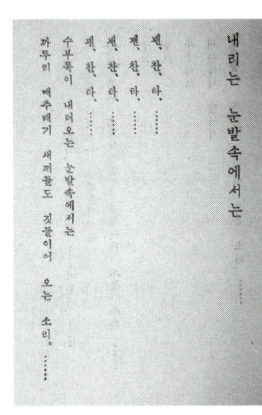

「서정주시선」 속 인용시

가족 공동체, 마을 공동체의 도란거리는 목소리가 들리는 것 같다. 지금은 수많은 사람들이 이웃이 누군지도 모르는 아파트 칸막이에 갇혀서 너 따로 나 따로 살아간다. '큰 이얘기 작은 이얘기들이 오부록이 도란그리며 안끼어 오는 소리. ……' 란 걸 경험하기 어렵다. 「내리는 눈발 속에서는」은 전란의 참화 속에서도 희망을 잃지 말고 살자는 자기최면은 아닐까. 대자연의 법칙 속으로 모든 게 안겨든다는 발상도 예사롭지 않다. 백색의 들판은 우리의 상처와 부끄러움을 덮어주

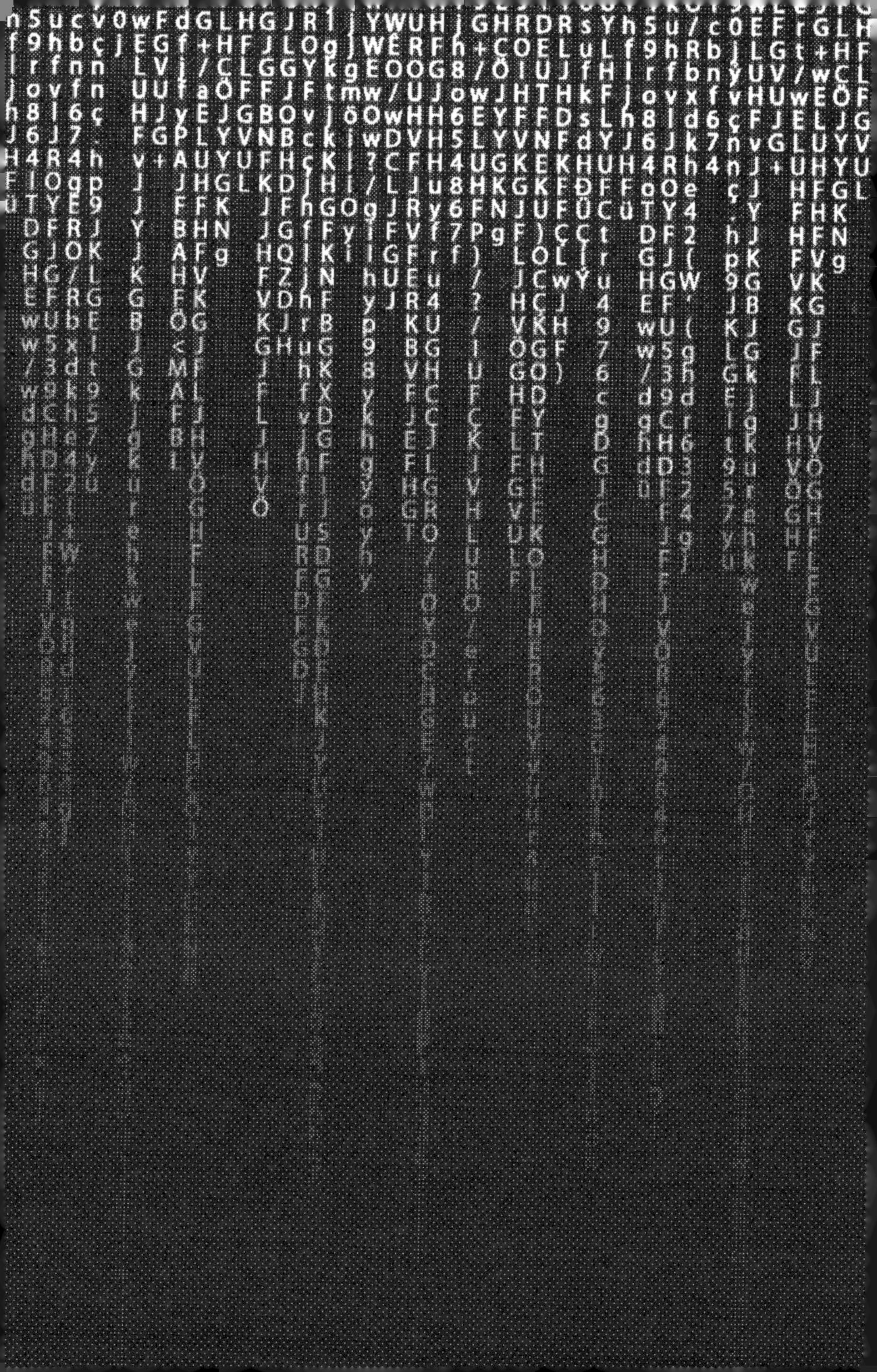

는 거대한 긍정의 이불이다. 동구기는「내리는 눈발 속에서는」이 매력과 장점이 많은 시라는 생각이 자꾸만 든다. 그러다보니 시집의 신작들 모두가 대단한 작품으로 보였다.

"『서정주시선』 속에는「신록」,「추천사」,「학」,「무등을 보며」,「상리과원」등 모국어의 아름다운 진풍경이 가득한 작품들이 너무 많네요. 아마도 이때가 시인님의 최고 작품들이 나오는 시기가 아닌가 합니다. 이상해요. 목숨이 경각에 달린 위험한 때였는데, 전쟁통에 오히려 역작이 나오는가 봐요."

그래요, 이런 말이 어떨지 모르지만 나는 시련과 도전을 오래 겪어온 이 땅이 상명당이라는 생각을 자주 해요. 상명당 아시지요? 명당 중의 명당 말입니다. 문학과 예술을 하는 데에는 여러 가지 아픔과 서러움과 슬픔이 있는 게 나쁘지만은 않아요. 그런 시련과 도전 속에서 인간의 정신은 더욱 오롯해지고 강해지지요.

요즘 살기가 많이 힘들지요? 나는 특히 청년들의 앞날이 걱정입니다. 전염병에, 취업난에, 집값은 오르고, 결혼이나 육아도 생각하기 어렵고…. 그래도 이런 때일수록 잘 견디는 법을 배우고 살길을 찾아나가길 바랍니다. 내 시 중에선 「무등을 보며」가 나 스스로를 잘 견디게 해주었지요.

"시인님, 제가 한번 읽어봐도 될까요?"

동구기는 서정주 시인의 아바타 앞에서 「무등을 보며」를 소리 내어 낭송해 보았다. 그는 자기도 모르는 사이에 점점 더 시의 분위기 속으로 들어가고 있었다. 긍정적이고 적극적이었다. 시는 눈으로 읽을 때와 소리 내어 읽을 때가 확실히 다르다. 소리를 내어 읽으면 몸이 통째로 반응을 한다. 머리로만 인지하는 게 아니라 몸 전체의 세포들이 다 떨린다. 소리의 공명은 몸을 흔들어댄다. 고등학교 때 시를 배우던 방식과 확연히 다르다. 노래를 가사로만 읽을 때와 노래로 부를 때가 다른 것처럼 시도 그렇다는 걸 동구기는 점점 깨달아가는 중이다.

**가난이야 한낱 남루에 지내지 않는다
저 눈부신 햇빛 속에
갈매빛 등성이를 드러내고 서 있는**

여름 산 같은
우리들의 타고난 살결,
타고난 마음씨까지야 다 가릴 수 있으랴

청산이 그 무릎 아래 지란芝蘭을 기르듯
우리는 우리 새끼들을 기를 수밖엔 없다

목숨이 가다 가다 농울쳐 휘여드는
오후의 때가 오거든
내외들이여 그대들도
더러는 앉고
더러는 차라리 그 곁에 누어라

지어미는 지아비를 물끄럼히 우러러보고
지아비는 지어미의 이마라도 짚어라

어느 가시덤풀 쑥굴헝에 뇌일지라도
우리는 늘 옥돌같이
호젓이 묻혔다고 생각할 일이요
청태青苔라도 자욱이 끼일 일인 것이다

산아 그 무릎 아래
蘭을 기르듯
희는 우리 새끼들을
호수밭엔 빠져
숨이 가빠가자 높을쳐
키어드는
憤에매가 오거던
이런은 앉고 그대를도
아들이여
러는 참아리 그곁에 누어라
어머는 지아비를 불꼬럼히 우러러보
아비는 지어미의 아바라도 걸어라

"이 시를 쓸 땐 마음이 어떠셨어요? 부부지간에 서로 다독거리는 모습이 있는 것 같은데요."

이 작품 역시 마찬가지였어요. 내가 어려울 때 시가 오히려 나를 치유해주었습니다. 시는 그런 힘이 있지요. 그래서 글쓰기 연습을 꾸준히 하면 어려움이 닥쳤을 때 글쓰기로 스스로를 구할 수 있다고 봅니다. 내가 그랬거든요. 피난 가서 전라도 광주에 살 땐데요, 멀리 무등산을 바라보다가 문득 정다운 부부가 어려움을 함께 이겨내는 모습이 보였어요. 산이 꼭 사람처럼 느껴졌던 거지요. 그래서 쓴 게 「무등을 보며」입니다.

나는 너무 가난했고, 먹고 살길도 막막했고, 그래도 가족은 부양해야 했고, 광주 조선대학에 나가서 학생들을 가르치면 월급으로 받는 게 겉보리 열닷 말 정도였습니다. 그걸 받아다가 식량도 하고 일부는 팔아서 아들 공책도 사주고 하면서 살았지요. 그땐 나라가 다 어려웠어요. 천재 화가 이중섭(1916~1956)도 은박지에 그림을 그릴 정도였으니까요.

동구기 선배 세대들에게 그런 아픈 역사가 있었다는 걸 잊으면 안 돼요. 매 순간 역사 속을 살아가는 거라고 생각해야

「미당 서정주 전집」 1, 121~122면

합니다. 그래서 나는 젊은이들을 대상으로 강연할 때 '역사인'을 많이 강조했습니다. 역사적 흐름 속에 사는 운명을 자각해야 한다는 말이지요. 사람은 누구나 사회인, 자연인, 역사인, 그리고 영원인의 모습을 가져야 해요.

제일 마지막이 좀 어려운데 이건 영원을 사는 보편적 가치를 늘 생각하고 실천하면서 살아야 한다는 뜻입니다. 오늘내일 당장 출세하는 유행인이 되려하지 말고 삶의 보편적 가치를 늘 잃지 않는 사람이 되어야 해요. 젊은이들은 이런 기백이 있어야 합니다.

"잘 알겠습니다. 지금까지 여러 말씀을 들었는데 이젠 시인님의 대표작인 「국화 옆에서」 이야기를 청해 듣고 싶습니다. 이 작품은 언제 쓰신 거지요?"

해방 후에 쓴 겁니다. 〈경향신문〉 1947년 11월 9일에 발표했으니까 해방 이후 한국전쟁 사이에 쓴 거네요. 나는 그때 마포구 공덕동에 살았는데, 집 마당에 국화꽃이 피어 있는 걸 보고 쓰게 되었습니다. 국화는 내가 어려서도 좋아했던 꽃이고 집에

서 심어 기르기도 했었습니다.

국화는 매화, 난초, 대나무와 더불어 사군자四君子의 하나로 옛날부터 지조 높은 선비 정신을 나타냈습니다. 서리 내리고 다른 꽃들이 다 질 때 나 홀로 추위를 이기면서 핀단 말입니다. 지독한 꽃이지요. 어려움을 이겨내는 강한 근성 때문에 주로 선비의 절개를 표현하는 데 비유적으로 쓰였습니다.

"그런데 시인님이 그걸 여성으로 바꾼 거네요. '인제는 돌아와 거울 앞에선 내 누님'은 그 전엔 없던 이미지 아닌가요?"

그렇습니다. 국화는 전통 사회에서는 군자의 상징이었어요. 옛날 그림이나 시에는 이런 표현들이 너무 많아요. 나는 이런 전통적 이미지를 고생하다 집에 돌아온 원숙한 중년 여인으로 바꾼 겁니다. 그런 점이 독자들에게 좀 새로웠던 것 같아요.

게다가 이 시는 불교의 연기론, 그러니까 모든 걸 관계의 법칙으로 설명하는 우주론을 반영하고 있습니다. 이것이 있으므로 저것이 있다는 관계론이 연기법의 핵심이지요. 연기법은 사물의 단독적 실체 개념을 인정하지 않고 상호 연계되어 있음

공덕동 집 뜰에서

을 강조합니다. 그러니까 이 시에 적용해서 말해보면 꽃 한 송이도 저 혼자 힘으로 피지 않는다, 수많은 힘들이 서로 연결되어 있다가 좋게 움직이면서 꽃이 피어난다는 메시지를 가지고 있습니다. 독자들이 그런 점을 잘 보아주신 것 같습니다. 교과서에 수록되어서 오랫동안 사랑을 받았지요. 1960~70년대 학교 문학회 같은 델 가보면 많은 학생들이 이 시를 낭송하곤 했습니다. 내가 강당에 들어서면 스타 비슷한 대접을 받곤 했지요. 그땐 시인이나 소설가가 상당히 인기가 있었습니다. 요즘은 가수나 연예인이 사랑을 많이 받지요? 옛날엔 문학을 좋아하는 소년소녀들이 많았어요. 외국문학도 많이 읽고 그랬는데 이젠 시대가 많이 바뀌었지요?

동구기는 시인 아바타가 외국문학 이야기까지 꺼내자 얼굴이 붉어졌다. 외국문학을 찾아서 읽은 게 거의 없기 때문이었다. 서정주는 괴테, 위고, 도스토옙스키, 톨스토이, 보들레르, 이백, 두보 등의 작품들을 많이 읽었다고 했다. 거기에 비하면 동구기의 독서량은 초라하기만 했다. 지금 시대는 정보의 표면을 빠르게 훑고 지나가는 게 대세다. 진중하게 앉아서 도스토옙스키의 장편소설 『카라마조프가의 형제들』을 읽어내는 끈기는 찾아

보기 어렵다. 그래서 어쩌자는 건가. 한없이 가벼운 콘텐츠들만 먼지처럼 공중을 떠돌아다닌다. 지식의 대지에 굳건하게 뿌리를 내려 자신의 것으로 만들지 못한다. 가을 국화를 피우기 위해 봄부터 새가 울어대는 상황을 어떻게 받아들일 것인가? 초고속 디지털시대일수록 아날로그적 감성의 소중함을 잃어버려선 안 된다고 시인의 아바타는 강조한다.

감성을 잃어버리면 디지털 시대의 AI를 당할 수 없어요. 여러분은 인공지능이 담당하지 못하는 분야를 더욱 개척해야 합니다. 그게 감성 영역입니다. 그래서 시를 많이 읽고 쓰고 하는 공부는 디지털시대, 4차 산업혁명 시대에 더욱 중요합니다. 이야기의 세계, 즉 소설 창작은 인공지능도 어느 정도 가능합니다. 그런데 시는 인공지능이 참여하기 쉽지 않아요. 그런 점을 인성 개발 영역에서 감안하는 게 좋아요.

동구기는 시인 아바타의 설명이 놀랍기만 했다. 이렇게 이야기하는 아바타가 사실은 인공지능이 아닌가. 지금 인공지능이 스스로의 약점을 사람에게 설명해주고 있는 것이다. 동구기는 혹시 시인의 생전 음성이 자료로 저장되어 있을지도 모른다고 생각하면서 시인 아바타에게 「국화 옆에서」의 시 낭송을 부탁해 보았다. 아바타는 윙크를 하면서 가능하다고 했다. 중후한 저음에 느릿느릿 미끄럽게 흘러가는 목소리였다. 구렁이가 흙담을 넘어가는 것도 같고 찰지게 기름진 떡이 목구멍으로 넘어가는 것도 같았다. 약간의 관능도 있었는데 그것은 동구기에게만 비밀스럽게 이야기하는 으밀아밀한 약속의 신호인 것도 같았다.

    한 송이의 국화꽃을 피우기 위해
    봄부터 솥작새는
    그렇게 울었나 보다

    한 송이의 국화꽃을 피우기 위해
    천둥은 먹구름 속에서
    또 그렇게 울었나 보다

    그립고 아쉬움에 가슴 조이든
    머언 먼 젊음의 뒤안길에서
    인제는 돌아와 거울 앞에 선

내 누님같이 생긴 꽃이여

노오란 네 꽃잎이 필라고
간밤엔 무서리가 저리 내리고
내게는 잠도 오지 않았나 보다

"멋있네요. 꽃 한 송이 피는 데에도 너무나 많은 일들이 일어나고 있는 것 같습니다. 세상을 좀 더 깊이 이해하는 데 많은 도움이 될 것 같습니다. 이 작품은 시인님의 대표작인데 외국에선 반응이 어떤가요? 시인님 작품은 우리나라 시인들 중 가장 많은 나라의 언어로 번역되었다고 들었거든요."

그렇긴 해요. 가장 많은 나라의 언어인지는 잘 모르겠지만 아무튼 시절 복을 많이 받아서 그런지 여러 나라 언어로 번역이 되었어요. 영어, 스페인어, 카탈루냐어, 프랑스어, 중국어, 일본어, 이스라엘어, 독일어, 체코어, 네덜란드어, 러시아어, 유고슬라비아어, 폴란드어, 루마니아어 등이 있어요. 「국화 옆에서」는 우리나라에선 인기가 좀 있어도 외국에선 아닌 것 같아요. 내가 캐나다에 가서 이걸 낭송해 보았는데 관객들 반응이 별로였지

「미당 서정주 전집」 1, 125면

요. 국화에 대한 그 나라 사람들의 생각이 우리와 다르다는 걸 느꼈습니다. 거기 사람들은 오히려 선불교적 직관이 뛰어난 작품을 좋아했어요. 내 작품 중에 「내가 돌이 되면」이란 게 있는데, 이걸 낭송하니까 털북숭이 남자가 다가와서 내 뺨에 자기 뺨을 비비며 환호하는 거였어요. 그래서 문학적 상징이란 게 나라마다 민족마다 다를 수 있다는 걸 알게 되었지요. 우리 문학이 세계적으로 인정받으려면 이런 점을 잘 헤아려야 한다는 것도 배우게 되었습니다.

동구기는 시인이 이야기한 「내가 돌이 되면」을 얼른 검색해 보았다. 알 듯 말 듯 난해한 시였다.

내가
돌이 되면

돌은
연꽃이 되고

연꽃은

호수가 되고

내가
호수가 되면

호수는
연꽃이 되고

연꽃은
돌이 되고

"시가 어리둥절한데요, 상식적으로는 이해가 잘 되지 않아요. 이게 무슨 소리예요?"

　　만물이 유전流轉한다는 이야기지요. 어떤 사물이든 그 자체의 성질*은 없다는 말입니다. 이건 서양 사람들 입장에서 보면 엄청난 충격이지요. 존재론이나 실체론을 부정하는 것이니까요. 만물을 만들어낸 창조주조차 부정하는 이야기거든요. 간단히 이야기하면 '나는 너다', 이런 소리입니다. 부처님의 가르침

「미당 서정주 전집」 1, 283면
*자성 自性

과 같지요.

　이런 사유 체계를 잘 체계화하면 세계적인 명품을 많이 만들 수 있습니다. 스티브 잡스라는 기업가가 핸드폰을 만들어서 세계를 크게 변화시키지 않았습니까. 전화, 컴퓨터, TV, 오디오, 카메라와 같은 거의 모든 의사소통 기능을 작은 기기 안에 몰아넣은 겁니다. 그는 서양철학이나 사상보다는 동양의 불교에 대해 관심이 많았어요. 평생 가까이 두고 읽은 단 한 권의 책이 있다면 그것은 『요가난다, 영혼의 자서전』이란 책이에요. 요가난다(1893~1952)는 스티브 잡스의 진정한 스승이었던 겁니다.

　동구기는 서정주 시인의 아바타가 스티브 잡스의 핸드폰 이야기를 하는 모습에 깜짝 놀랐다. 서정주 시인의 생애에서는 이런 경험을 할 수 없었음에도 불구하고 지금의 아바타는 세계의 물정과 변화 상황을 발 빠르게 흡수하여 동구기에게 설명하고 있었다. 자가 학습 기능이 확실히 잘 되어 있는 듯했다. 그러면 이 아바타는 과연 서정주인가? 아니면 지금도 살아서 계속적으로 진화하고 있는 서정주의 영혼인가? 인

요가난다(1893~1952)

공지능의 발전 속도는 과연 어느 정도일까? 별별 생각이 다 스쳐 지나갔다.

나, 돌, 연꽃, 호수는 서로 다르지요. 사물의 성질도 다르고 분류체계도 다릅니다. 그런데 이렇게 서로 다른 것들이 상대방 차원으로 '되어간다'는 게 재미있지요. 세상은 눈에 보이는 것만이 진실이 아니라는 말입니다. 우리는 심층 차원에서 서로 연결되어 있어요. 시간의 기나긴 차원에서 보면 서로 돌고 도는 운명이란 말입니다. 그래서 국화꽃이 피는 것도 예사로운 사건이 아닌 겁니다. 국화 냄새 혹시 맡아 보았어요?

"네. 저는 쑥 냄새 비슷한 게 나던데요."

동구기가 참 용하네요. 그래요. 쑥이나 국화는 같은 종류지요. 자세히 말하면 식물 분류 기준으로 쑥은 국화과에 속하는 여러해살이 풀입니다. 그래서 나는 국화꽃 향기에서 우리 민족의 기원을 생각하지요. 옛날에 웅녀가 동굴 속에서 쑥과 마늘을 먹으며 새롭게 태어나려고 고생한 이야기 알지요? 그녀가 시험을 잘 견뎌서 하늘에서 내려온 사람과 혼인해서 아들을 낳았

잖아요. 그 아이가 바로 단군입니다. 우리는 쑥과 마늘의 민족인 셈이지요.

쑥과 마늘은 강하고 독한 향기를 가지고 있어서 약으로도 많이 쓰입니다. 그러니까 쑥이나 국화는 민족의 기원을 생각하게 하는 중요한 식물이에요. 우리의 머리는 미처 모르지만 우리 몸은 그걸 느끼는 거지요. '아, 이 냄새~ 민족의 고향 냄새~' 하고 감각이 끌려가는 겁니다. 국화에는 그런 힘이 있어요. 이런 걸 홈 시크home sick라고 하는 겁니다.

"처음 들어보는 이야기네요. 정말 감사합니다. 국화꽃 한 송이에서 많은 걸 배울 수 있는 시간이었습니다. 잠시 쉬었다가 다시 뵈어도 되겠지요?"

동구기는 한 편의 시 속에 이렇게 많은 지혜와 슬기가 있는 줄 상상하지도 못했다. 좋은 시는 높고 깊고 넓기가 한량없다는 시인의 말이 실감났다. 시인은 생애 마지막 강연에서 이렇게 이야기했다. 1997년 봄과 가을에 각각 서울대학교와 동국대학교 학생들을 대상으로 한 강연이었다.

> 나를 가리켜 다들 문학청년이라고 하는데 그 말은 맞습니다. 지금도 나는 늘 새로운 마음으로 시 한 줄 한 줄을 다듬고 또 다듬어 가고 있습니다. 아직도 나는 철이 덜 든 소년이고 여전히 소같이 우둔합니다. 60년 넘게 시를 써 왔는데도 시의 높이와 깊이와 넓이는 한정 없기만 합니다. 나는 영원한 문학청년입니다.

'나는 영원한 문학청년입니다.' 이 말이 동구기의 귀에 쟁쟁했다. 아직 완성되지 않은 사람, 영원히 완성되지 않는 사람, 미당未堂의 참뜻이었다. 오늘은 많은 이야기를 들었다. 다 소화할 수 없는 내용이었다. 동구기는 메타버스 스튜디오를 나갔다가 내일 다시 들어오기로 했다.

「나의 시 60년」,
「미당 서정주 전집」 11, 377면

4장
벼락과
해일만이
길일지라도

다음 날, 동구기는 한층 가벼운 마음으로 스튜디오를 찾았다. 이제부터 시인의 중후반기에 대해 인터뷰를 할 작정이었다. 젊은 날 시인의 모습은 열렬해서 독자로서 감당하기가 힘들었다. 물론 시인 아바타에게는 초기 시가 훨씬 매력 있다고 이야기했지만 내심 어렵고 부담스러운 터였다. 그러나 중반기 이후부터는 이 나라를 대표하는 민족정신의 뿌리를 찾아가는 모습을 볼 수 있고, 시적 지평선이 전 세계를 향해 나아가는 확장성이 컸다. 그런 모습이 동구기 스타일에는 더 잘 맞았다.

"시인님은 고전 공부도 많이 하셨는데 한문으로 다 읽으신 거지요?"

난 어려서 서당엘 다녔어요. 천자문도 배우고 한시도 배우고 중국 역사책도 배우고 했는데 한 3년 배우니까 어지간한 한문은 눈에 들어오더라구요. 나중에 중국의 사서삼경四書三經이나 불경 등을 읽어나가는 데 큰 어려움이 없었지요. 어려서의 한문 공부는 내게 아주 큰 힘이 되었습니다. 동양의 지혜를 배우는 데에는 한문이 중요했거든요. 중앙불전 다닐 때 『노자』를 배운 생각이 납니다. 거기 '화광동진和光同塵'이란 게 있는데 빛을 고르게 하여 먼지와 같은 상태가 되라는 이야기지요. 이게 무슨 소리냐 하면 빛을 부드럽게 하여 속세의 티끌과 함께하라는 건데, 도인이 자신의 덕과 재능을 감추면서 세속의 속인들과 어울리는 것을 말합니다.

난 그 무렵에 보들레르가 인생 밑바닥 체험하는 모습에 매료되었는데 그게 바로 노자의 '화광동진'과 같다는 생각을 했어요. 한문 공부가 되어 있지 않았다면 서양문학이나 철학 공부도 심도 있게 진행하지 못했을 거라는 생각이 듭니다. 그러니까 내가 배운 한문은 단순한 글자가 아니라 세상을 이해하는 주요한 도구였습니다.

그리고 열 살에 근대식 교육을 받기 위해 고향마을에서 10km 정도 떨어진 줄포로 이사를 갔어요. 우리 부모님께서 아들 교육 때문에 집을 이사하는 결정을 하신 겁니다. 줄포는 당시 면사무소도 있고 포구가 커서 제법 큰 시장이 만들어졌어요. 일본 물자나 청나라 물자도 많이 거래되었고 근대 문물들을 많이 구경할 수 있는 곳이었지요. 거기 근대식 교육을 하는 줄포공립보통학교가 있었어요. 1925년 4월에 입학했는데 여기서 일어를 배웠기 때문에 일본어로 된 책은 얼마든지 읽을 수 있었지요. 내가 중앙고보나 불전 학생일 때는 우리말로 번역된 세계문학이 많지 않아서 일본 신조사新潮社에서 출판한 세계문학전집을 읽었습니다. 거기서 세계문학의 수준을 가늠해볼 수 있었지요. 일본어는 내가 젊었을 때 세계적 수준의 문학을 공부하는 데 중요한 언어였습니다. 그러니까 내 말은 세상의 다양한 정보를 접하려면 언어에 익숙해야 한다는 겁니다. 의사소통 수단이 많아야 한다는 것이지요. 나는 젊어서부터 한문과 일본어 외에 영어도 좀 할 줄 알고 불어도 배우고 해서 프랑스문학도 원전으로 어느 정도는 읽을 수 있었습니다.

"와, 그러면 5개 국어를 하신 거네요. 한국어, 중국어, 일본어, 영어, 프랑스어…."

그런가요? 불어는 중앙불전을 중퇴하고 해인사에 내려가 인근 학교에서 교사 생활할 무렵에 젊은 프랑스 문학도인 김법린(1899~1964) 선생한테 배웠어요. 이 분은 어려서 출가한 스님이셨는데 내가 다닌 학교의 전신인 불교중앙학림 졸업생이기도 했습니다. 학교 마친 후 프랑스로 건너가 파리대학 철학과를 졸업할 정도로 공부에 열심이셨습니다. 그러다가 만해 한용운 스님의 뜻을 이어 일제에 저항하는 만당卍黨을 결성했지요. 1938년인가 만당사건으로 검거되어 진주에서 옥고를 치르기도 하셨는데 해방 후엔 동국학원 이사장이며 동국대학교 총장도 하시고 정부의 문교부장관도 하셨습니다. 대단한 교육가요, 개혁주

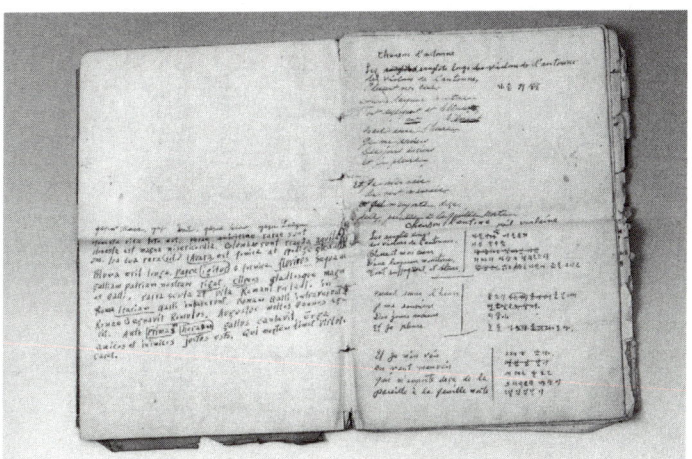

프랑스 시 번역 시작노트 부분

의자였지요. 이 분이 그러셨습니다. 우리는 반드시 해방이 될 테니까 절대로 실망하지 말고 지금부터 공부해서 프랑스로 유학 갈 생각을 하라며 내게 격려의 말씀을 많이 해주셨습니다. 그때 배운 실력으로 프랑스 시를 원전으로 읽는 경험을 하게 되었습니다. 샤를 보들레르, 스테판 말라르메, 폴 발레리 등을 읽고 번역도 했지요.

영어는 썩 잘하진 않았는데 둘째 아들을 낳고부터는 열심히 했지요. 나는 아들을 둘 두었는데 17년 터울이 납니다. 큰아들은 1940년생이고 둘째는 1957년생이지요. 둘째는 너무도 뜻밖이어서 아내도 부끄럽고 난감해 하길래 하늘이 주신 자식이니 잘 키워야 하지 않겠냐며 오히려 축복을 해주었습니다. 이 아이를 가르치면서 나도 새롭게 공부해야겠다는 다짐을 하게 되었습니다. 그래서 영어 공부를 다시 시작했어요. 내가 좋아하는 러시아 작가 톨스토이의 『안나카레니나』 같은 걸 영역본으로 읽어내는 것이지요. 그렇게 하다 보니 나중

안나카레니나 영역본

에 세계적인 문인들과 대화를 할 기회가 있으면 통역 없이 할 수도 있게 되었습니다.

　　　동구기 같이 젊은 학생들에게 당부하고 싶습니다. 외국어 공부 열심히 하기 바랍니다. 나는 교수 재직 시절엔 학생들에게 늘 당부했습니다. 세계문학 수준에 오르려면 언어가 활달해야 한다, 한문은 『삼국사기』나 『삼국유사』를 읽을 수준이 되면 좋고 영어는 성경을 읽을 정도면 된다. 영어 공부도 하고 성경 공부도 할 수 있으니 좋지 않느냐, 불교학교라고 꼭 불교 책만 읽어서는 안 된다고 가르쳤지요. 더구나 영어는 세계 공용어니까 자유롭게 구사할 수 있으면 금상첨화겠지요. 영어로 직접 자기 문학을 할 줄 알면 그만큼 문학의 세계 시장이 커지는 거고, 번역이라도 잘 되면 한국문학도 세계 시장에 나가서 인정을 받게 될 겁니다.

"시인님은 그냥 퇴학생이 아니시네요. 무슨 퇴학생이 이렇게 많은 언어를 잘하시나 몰라요. 팔순 무렵엔 러시아에 가서 살 계획도 하셨지요? 자료를 보니까 그땐 러시아어도 공부하셨던데요?"

러시아는 나의 로망 같은 곳이에요. 나는 젊어서 한때 톨스토이주의자이기도 했고 도스토옙스키는 전집을 다 읽을 정도로 탐독했지요. 그래서 언젠가 여건이 되면 러시아에 가보리라 생각했습니다. 그런데 그런 일이 정말 생긴 거예요. 1990년 가을이던가… 우리나라와 러시아가 수교를 하게 될 줄 꿈에나 알았겠습니까. 처음엔 여행 삼아 모스크바나 레닌그라드 같은 델 가보았는데 나중엔 아예 코카서스 산맥 아래 같은 곳에 가서 살고 싶더라구요. 그래서 우리 부부가 함께 가서 노년을 보내려고 준비도 하고 실제로 가서 살기도 했습니다. 생활에 필요한 기본 러시아어를 당연히 배울 수밖에 없었지요. 그때는 러시아가 소비에트연방에서 갈라져 나와서 나라 전체가 힘들 때였어요. 빵 하나 사기 위해서 줄을 길게 서야 했었으니까요. 부푼 꿈을 안고 갔는데 머나먼 이국 객지에서 굶어 죽게 생겼더라구요. 길가에 산딸기 팔러 나온 이가 있었는데 1달러를 주니 바구니로 하나 가득 줬습니다. 이걸 먹고선 얼마나 눈이 밝아지는지 그때 생각하면 지금도 아찔합니다.

"에또 푸로스또 말리나! 이게 그 이야기군요. 시인님 작품에 나오는 표현 말이에요. '아, 이것은 진짜 산딸기로구나!' 이런 뜻이죠? 요즘 말로는 '대박!'이라고 해야 하나?"

내 시를 꼼꼼히 읽어보셨네요. 맞아요. 내가 지금도 잊을 수 없는 러시아어예요. 에또 푸로스또 말리나!

동구기는 내친김에 「에또 푸로스또 말리나」를 낭송해 보기로 했다.

"에또 푸로스또 말리나!"
이 롸씨야 말은
'야 이건 진짜 산딸기구나!' 하는 뜻으로,
감동할 만한 진실을 만났을 때나,
오래 구하던 걸 얻었을 때나,
경상도 사람이 반가운 친구를 만났을 때
"야 이 문둥아!" 하듯이,
그렇게 쓰이는 말인데요.
1992년 여름
나와 내 아내가 마스끄바에서 굶주려서
먹을 것을 찾아 헤매 다니다가
어느 구석에 오니

「미당 서정주 전집」 5, 315~316면

이 산딸기 한번 되게 싸게는 팔고 있더군요.
어느 수풀들에서 몇 날을 걸려 따 모아 온 것인지
1딸라에 2키로를 사서 들고 먹으니
두 누깔이 금시에 밝아 오더군요.
"에또 푸로스또 말리나!"
이게 실물實物로 이렇게도 싸게 되살아난 건
참말 묘한 일이더군요.

(1992. 11. 25 서울)

"1992년이면 여든 살 가까우셨을 때네요. 그런데 러시아어를 새로 배우시다니! 동국대학교 교지를 조사하다 보니까 1958년인가 『동국』 2호에 러시아 시를 번역하시기도 했던데요. 이때부터 러시아어를 하셨나 봐요?"

아, 옛날에 관심이 많았지요. 그때는 러시아가 아니라 소련이었는데 적성국가니까 소련 시인의 시를 번역한다는 건 불가능했습니다. 비공산권 시인들 작품을 주로 번역해 보았던 것 같아요. 그 무렵엔 프랑스 시도 번역해서 일간지에 연재도 하고 그

78세 向學

시인 徐廷柱씨 러시아 留学 떠났다

모스크바大 어학연수등 3년 체류계획
"코카서스 長寿村서 詩作 몰두"

러시아 유학 관련 신문 기사
〈조선일보〉, 1992. 7. 17

랬습니다. 영어 공부도 열심히 할 무렵이었으니까 내 인생에서 언어 공부를 참 열심히 했던 때 같아요.

"그랬군요. 시인님 공부하신 걸 보면 전 반성을 많이 해야 겠네요. 앞으로 열심히 살겠습니다. 그런데 시인님께서는 무슨 계기로 한문 공부를 집중적으로 하신 거예요?"

1950년에 6.25전쟁이 났잖아요. 피난을 다녀야 했고 살길도 막막했습니다. 일제로부터 해방된 지 얼마 되지도 않았는데 남북이 서로 총질을 해대니 민족의 앞날이 캄캄할 뿐이었습니다. 당장 끼니가 없는데 시를 써서 뭐하나 싶었지요. 나에겐 문학의 돌파구가 절실했습니다. 영원히 변치 않는 예술문화의 가치, 우리 민족에게 혹시 그런 게 없었는가를 생각하게 되었지요. 그래서 역사책을 읽게 되었습니다.『삼국사기』와『삼국유사』를 놓고 카드에 꼼꼼히 적어가면서 내 창작의 희망을 찾고자 애썼습니다. 그래서 찾아낸 게 신라 정신이지요.

"시인님은 고향이 전라도 고창이시잖아요. 그러면 백제 영역인데 왜 백제 정신을 추구하지 않고 신라 정신을 찾으신 건지

궁금합니다."

나는 지역 정신을 찾는 게 아니라 우리나라 고대의 문화를 찾고자 한 겁니다. 신라의 문화, 특히 삼국을 통일시킨 신라 문화의 본질을 찾아서 그것이 현대의 문제를 해결하는 데 도움이 된다면 적극적으로 매달리고 싶었던 것이지요.

1952년 여름인가 해남 대흥사에 가서 신라에 대한 원고를 쓸 작정이었습니다. 그때 〈목포일보〉에서 청탁을 받아 신라에 대한 이야기를 연재하려고 했었지요. 『삼국유사』와 『삼국사기』와 『수이전』 같은 책들을 한창 읽고 있을 때였으니까요.

한데 잘 되지 않았습니다. 그래서 단식이나 하자는 마음으로 한 일주일 단식을 하고 나왔던 기억이 있습니다. 그때 대흥사 입구에서 바라본 목백일홍 나무의 꽃들이 얼마나 찬란하던지 생명이란 게 이렇게 아름답다는 걸 뼛속으로 깊이 느꼈습니다.

"그때 경험을 쓰신 게 「백일홍 필 무렵」 아닌가요?"

맞습니다. 내 자료를 잘 찾아보았군요. 그 당시는 아니고 한참 후에 쓰긴 했지만 그때의 경험이 시의 재료가 된 건 사실입니다.

동구기는 이 작품을 소리 내어 읽어보고 싶었다. 자기 내면과 치열하게 투쟁하다가 대자연의 아름다움 앞에 서는 시인의 기분을 자기도 공감해 보고 싶었다. 감정을 잡고 차분하게 읽어 내려갔다.

> 주춧돌이 하나 녹아서
> 환장한 구름이 되어서
> 동구 밖으로 걸어 나가고 있었지.
> 칠월이어서 보름 나마 굶어서
> 백일홍이 피어서
> 밥상 받은 아이같이 너무 좋아서
> 비석 옆에 잠시 서서 웃고 있었지.
> 다듬잇돌도
> 또 하나 녹아서
> 동구로 떠나오는 구름이 되어서……

「미당 서정주 전집」 1, 367면

"시가 어려워요. 초현실주의 시 같아요. 돌이 구름이 되는 게 무슨 뜻인가요?"

음, 그간 내 시에 대해 설명을 좀 했는데 이 시는 굳이 그럴 필요가 없는 것 같습니다. 그냥 느껴보세요. 원래 시인은 자기 시를 일일이 설명하지 않아요. 내가 지방의 어느 대학에 문학 강연을 갔었는데 마침 그 자리에서 한 젊은 평론가가 내 시 이야기를 하는 거예요. 그때 깜짝 놀랐지요. 나도 시를 쓸 때 생각하지 못했던 걸 그이가 말하지 뭡니까. 아, 그래서 시는 시인의 것이 아니라 독자의 것이구나 하는 걸 느꼈습니다. 폴 발레리도 그런 경험을 했다고 털어놓은 적이 있지요. 시의 진정한 주인은 시인이 아니라 독자다! 이 시도 그래요. 내가 뭐라고 이야기한들 그게 정답만은 아니지요. 이해하려 해서 안 되면 그냥 느껴보면 됩니다. 시를 꼭 이해할 필요는 없지요. 가슴으로 느끼는 게 있다면 그것으로도 시는 독자들에게 좋은 선물이 되는 법입니다.

"잘 알겠습니다. 그럼 신라 이야기는 〈목포일보〉에 연재하신 건가요?"

〈목포일보〉에는 그때 원고를 주지 못하고 몇 년 있다가 원고를 준 것 같아요. 그게 「해동사화초海東史話抄」라는 건데, 이 원고를 모아 나중에 교수 자격 논문을 제출하게 되었습니다. 「해동사화초」는 내 전집의 작품 목록에 빠져 있고, 〈목포일보〉의 해당 지면도 지금은 구할 수가 없어서 연구하시는 분들이 애를 먹을 것 같습니다. 내가 그 당시 신문 연재물을 가위로 오려서 스크랩 해놓은 자료가 도서관에 보관되어 있으니까 확인해 보시면 될 겁니다. 이건 교수 자격 논문으로 제출한 「신라연구」의 원본인데 내용은 크게 다르지 않다고 기억합니다.

"교수님한테 교수 자격 논문을 내라고 했다고요?"

당시에는 석·박사 학위도 없이 대학에서 교수하는 분들이 많았습니다. 어쩔 수 없지 않았겠습니까? 해방이 되고, 전쟁이 나고, 대학은 운영해야 되고… 지금처럼 박사 학위 갖춘 인재들을 찾을 수 있는 상황이 아니었지요. 나 역시 대학 졸업장도 없는데 교수가 되었잖습니까. 졸업장이라곤 초등학교 졸업장밖에 없는데 박사학위가 없는 이들이 교수를 하고 있으니 정부에서 일괄 구제하는 쪽으로 정책을 결정했습니다. 그래서 논문 한

▶
**동국대학교 중앙도서관 미당문고에
보관중인 「해동사화초」 신문 스크랩**

편을 근사하게 잘 써내면 교수로 인정해주겠다는 게 바로 교수 자격 논문 심사제도라는 것이었습니다. 저는 「신라연구」를 써서 정식 교수가 되었지요. 1960년이었던 것 같아요. 이것이 바탕이 되어서 1961년에 『신라초』가, 1968년에 『동천』이 출간됩니다.

"시인님께서 생각하는 신라정신은 무엇인가요?"

그건 신라만의 정신이 아니라 우리 민족 전체의 사상과 미학의 원류 같은 겁니다. 『삼국사기』 권4 『신라본기』 4 '진흥왕조'에 보면 최치원의 「난랑비서」라는 짧은 글이 있지요. 이게 신라의 근본정신을 이해하는 데 적지 않은 힘이 되었습니다.

> 이 나라에 묘한 인생의 길이 있어 그것을 풍류라고 하니, 그 가르침의 내력은 『선사』라는 책에 자세히 기록되어 있다. 내용은 삼교三教의 뜻하는 바를 고스란히 담고 있는 것이니, '집에 들면 효도를 다하며, 나가면 나라에 충성을 다해야 한다' 함은 중국 노나라 공자님의 뜻 그대로요, 자연스러이 지내며 말보다 더한 진실로 사는 걸 가르친 것은 주나라 노자의 가르침 그대로요, 모든 악의 뿌리를 생

「나의 문학인생 7장」, 「미당 서정주 전집」 11, 2016, 80면

겨나지 못하게 하여 착하게만 살게 하는 것은 네팔의 왕태자였던 석가모니의 감화와 같으니라.

최치원은 어려서 당나라에 유학을 가서 거기 외국인을 대상으로 하는 과거시험에서 급제를 해서 벼슬까지 지낸 분이시지요. 「토황소격문」이란 명문장을 써서 중국의 내란을 진정시키는 데 기여도 했던 공로가 있습니다. 두루 많이 알아서 석학의 반열에 오를 정도였는데 정작 조국인 신라에선 신분 제도의 한계 때문에 국정 개혁할 힘이 모자랐습니다. 그래서 가야산에 들어가 산신이 되었다는 전설의 주인공이기도 하지요.

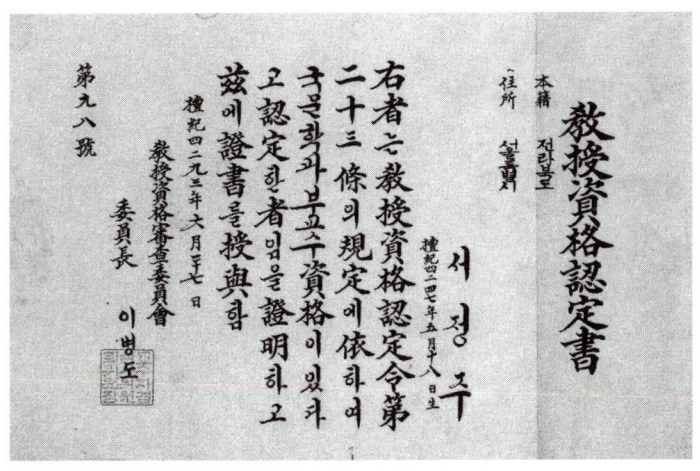

교수 자격 인정서, 1960.6.27

석학 최치원이 말하기를 신라의 '풍류風流'는 유·불·선 세 큰 종교의 중요한 정신을 두루 다 포함하고 있다는 겁니다. 우리나라에 옛날부터 있어 온 것이라고 증명해주니 큰 격려와 고무가 되었지요. 그래서 나는 우리나라 고유의 풍류 정신 즉 국선도 정신을 마음속에 익히며 떳떳한 마음으로 20년 가까이 살았습니다. 『신라초』와 『동천』은 그런 마음의 산물이지요.

"그럼 우리 땅에 원래부터 있던 사상 중에 유교, 불교, 도교의 가르침들을 다 포함하는 커다란 가르침이 있었다는 거네요? 그걸 풍류라고 한다는 거네요?"

그렇습니다. 최치원이 『선사』라는 책에서 봤다는 건데 그 책은 우리 민족이 외침을 숱하게 받으면서 잘 보존되지 못했지요. 이민족들이 침략해오면 이 나라의 자랑스러운 역사를 그대로 두었겠어요? 불에 태우거나 약탈해가기 일쑤지요. 그런 이유로 『선사』도 없어졌다고 봅니다. 이외에도 고조선에 관한 여러 기록들, 『삼대목三代目』과 같은 신라의 향가를 집대성해놓은 저술들이며 고구려와 백제에 대한 주요한 고문서들도 다 없어졌습니다. 그런데 최치원 선생께서 난랑鸞郞이라는 화랑을 기리기 위해 쓴 문장을 돌에다가 새길 때 이런 이야기를 넣음으로써 후손들에게 많은 자부심과 영감을 준 것이지요. 그래서 나는 신라 정신이 지역 정신이 아니라 민족사상의 원류라는 생각을 하게 되었어요. 신선도, 풍류도, 풍월도라고도 하는데 여기에 관심을 두고서 시를 쓰게 되었습니다.

그리고 풍월도의 정신은 신라 화랑도로 이어진다고 보는데 나는 이 화랑정신이 삼국통일의 중요한 동력이 된다고 봐요. 나라를 위하려는 젊은이들의 깨어 있는 정신, 유·불·도 삼교를 능히 포함하는 커다란 사상을 몸에 지닌 젊은이들이 있어야 냉엄한 국제질서에서 우리나라를 지켜나갈 수 있다고 봐요. 지금도 마찬가지입니다. 국민들이 단합해야 해요. 우리끼리 편 가르고 싸우다가는 다 같이 망하게 됩니다.

이런 생각은 민족주의나 국수주의가 아니에요. 난 세계 여러 나라의 책들을 많이 읽었습니다. 시대도 통짜로 꿰어서 읽었지요. 서양문학의 경우는 호메로스의 『일리어드』나 『오디세이』부터 그리스 비극과 르네상스 문학, 셰익스피어, 괴테를 비롯해 근현대 문학 등을 두루 섭렵했습니다. 마르크스, 레닌의 책들도 어려서 제법 읽어 보았습니다. 한·중·일의 동양문학은 말할 것도 없고요 전 세계의 민화들도 두루 살펴보았지요. 종교 분야로는 불경, 성경과 코란까지도 다 보았습니다. 인류가 만들어온 지혜와 슬기를 상당히 보았는데 풍류도 여기 못지않다고 생각하는 겁니다. 그게 바로 신라 정신이에요.

"말씀을 들으니 정말 어마어마한데요. 그런데 시인님 작품 속엔 그런 이념적인 이야기보다 특이하고 신비로운 이야기들이 많은 것 같아요. 그런 것도 다 신라정신으로 말할 수 있는 건가요?"

「대동운부군옥大東韻府群玉」이라는 옛이야기 속에 어떤 사내가 자기 애인의 죽은 넋을 대나무통 속에 담아 가지고 다니며 수시로 불러내서 대화하는 장면이 있어요. 즉 귀신하고 노는 사람 이야기입니다. 나는 사람과 사람 사이의 만남이 물리적 공간에서만 일어나지 않는다고 생각해요. 시공을 넘어서도 얼마든지 만날 수 있는 이야기가 우리 역사책 속에 많이 나오지요. 난 문학하는 사람이잖아요. 그게 매력적으로 보였지요. 옛날 책에 신령스럽게 통하는 이야기들은 '영통靈通'이나 '혼교魂交'라는 말로 전해져 왔지요. 나는 거기다가 불교의 삼세인연과 윤회

전생설의 문제까지 합해서 관심을 두게 되었습니다.

"그러면 현실 문제, 당대 문제보다는 시간을 초월하는 문제에 관심이 많으셨겠네요? 「신록」이라는 시에 보면 꽃잎이 펄펄 떨어져 내리는 것도 신라 가시내의 숨결이나 머리틸 같다고 하신 게 다 이런 이유 때문이겠네요?"

맞아요. 나는 리얼리스트가 아닙니다. 그리고 시인은 꼭 리얼리스트일 필요가 없습니다. 나는 시간과 역사를 관통하는 삶의 보편적인 문제에 관심을 더 많이 둔 편입니다. 사람의 삶은 '지금 여기'가 중요하지만 '지금 여기'는 과거와 미래, 이곳 아닌 다른 곳과 항상 연결되어 있습니다. 그래서 눈앞에 보이는 것만 주목하면 안 된다는 겁니다. 전생을 알고 싶으면 금생의 내 모습을 보면 된다 했고, 내생을 알고 싶으면 지금 내가 하는 일을 보면 된다는 이야기가 있다는 걸 지난번에 말했지요? 삶은 나 혼자 사는 게 아니라 수많은 생명들과 연대해서 펼쳐집니다. 그걸 연기법이라고 하는 겁니다. 이것이 있으므로 해서 저것이 있다는 방식이지요. 바로 「국화 옆에서」가 보여주는 세계지요.

「신록」첫 수록 지면
『문화』1947. 4

"신라 정신을 대표할 만한 작품은 어떤 걸까요?"

『신라초』(1961)와 『동천』(1968)의 작품들이 주로 신라 정신과 관계된 작품들이지요. 「꽃밭의 독백」이 아무래도 신라 정신의 서막을 여는 작품이 아닐까 생각합니다. 이 시는 신라의 시조인 박혁거세의 어머니인 사소부인의 목소리로 이야기하지요. 그녀가 혼전 임신을 하여 집단에서 쫓겨나게 되었다는 주장이 있는데 알고 보면 이것은 위대한 인물을 낳기 위한 고난의 수행 과정과 다름없습니다. 일종의 신선 수행인 셈인데 깊은 산속에 들어가 혼자 은거하면서 지내는 것이지요. 단군 탄생 이야기에 나오는 웅녀가 굴에서 수행하는 장면과 구조적으로 다르지 않습니다. 시는 그녀가 집을 떠나기 직전 자기 집 꽃밭에서 혼자 이야기하는 장면을 포착합니다. 동구기가 읽어 볼까요?

노래가 낫기는 그중 나아도
구름까지 갔다간 되돌아오고,
네 발굽을 쳐 달려간 말은
바닷가에 가 멎어 버렸다.
활로 잡은 산돼지, 매鷹로 잡은 산새들에도.

이제는 벌써 입맛을 잃었다.
꽃아. 아침마다 개벽하는 꽃아.
네가 좋기는 제일 좋아도,
물낯바닥에 얼굴이나 비취는
헤엄도 모르는 아이와 같이
나는 네 닫힌 문에 기대섰을 뿐이다.
문 열어라 꽃아. 문 열어라 꽃아.
벼락과 해일만이 길일지라도
문 열어라 꽃아. 문 열어라 꽃아.

동구기는 시를 읽고 나서 묘한 기분에 사로잡혔다. 사소부인이 제일 좋아하는 건 꽃인데 이건 평범한 꽃인 것 같지 않았다. 문을 열라고 소리치는 걸 보면 아마도 이상세계의 표현이거나 진리의 상징인 것 같았다. '벼락과 해일만이 길일지라도'가 특히 마음에 와 닿았다. 어떤 어려움이 있더라도 수행을 열심히 하겠다는 의지로 보였다. 신선도 공부를 하는 데 필요한 자기 다짐이 동구기에게도 전해오는 듯했다.

시를 읽고 나니 느낌이 어때요?

「미당 서정주 전집」 1, 161~162면

"저는 이 시가 신라 정신의 문을 통과하는 작품인 것 같아요. 뭐랄까… 이상세계로 들어가기 위한 비장한 결심이 느껴지는데요. 벼락이 치고 해일이 밀려와도 열심히 정진하겠다는 수행자의 의지 같은 거 말입니다. 음, 그리고 독자를 숙연하게 만드는 힘이 있어요. 그런 거 보면 언어가 참 신비롭다는 생각이 듭니다. '물낯바닥에 얼굴이나 비취는 헤엄도 모르는 아이와 같이'라는 표현은 정말 놀라워요. 수면水面이나 호면湖面이라는 말은 들었어도 물낯바닥은 처음이에요. 놀랍고 재미있어요. 자신이 없어서 망설이는 모습이 눈에 보이듯 실감나게 다가와서 좋았습니다. 이분은 박혁거세의 어머니니까 신라의 기틀을 세운 인물일 텐데 그녀에게도 보통사람 같은 어려움이 있다는 걸 확인할 수 있는 게 설득력이 있고 인상적이었어요."

꽃밭은 평범한 꽃밭이 아닌 건 맞아요. 아니, 평범한 꽃밭인데 화자는 그렇게 생각하지 않다는 게 더 정확한 표현이겠지요. 꽃은 내가 평생 좋아하는 사물이고 시적 표현의 대상입니다. 나는 꽃을 생명의 중요한 상징으로 보지요. 살아 있는 건 아름다운 거고 종족 번식을 위해 유전자의 명령을 수행하는 겁니다. 이게 생명의 정의지요. 젊었을 때는 피를 생명의 중요한 상징으로 생각했는데 해방 전후로 해서 꽃에 대해 새로운 생각을 하게 되었습니다.

    가신 이들의 헐떡이든 숨결로
    곱게 곱게 씻기운 꽃이 피었다.

    흐트러진 머리털 그냥 그대로,
    그 몸짓 그 음성 그냥 그대로,
    옛사람의 노래는 여기 있어라.

    오- 그 기름 묻은 머릿박 낱낱이 더워
    땀 흘리고 간 옛사람들의
    노랫소리는 하눌 우에 있어라.

    쉬여 가자 벗이여 쉬여서 가자
    여기 새로 핀 크낙한 꽃 그늘에
    벗이여 우리도 쉬여서 가자

    맞나는 샘물마닥 목을 축이며

「미당 서정주 전집」 1, 75면

이끼 낀 바윗돌에 텍을 고이고
자칫하면 다시 못 볼 하눌을 보자.

해방되는 해에 쓴 「꽃」이라는 시에서 보는 것처럼 꽃 속에서 수많은 조상들의 무형의 넋이 보이기 시작했습니다. 시간을 초월하는 생명의 힘이 꽃 속에 있다고 믿게 되었지요. 그래서 사소부인이 바라보는 꽃은 생명의 비밀을 알고 싶어 하는 구도자에겐 가장 간절한 진리 탐구의 대상이 되는 겁니다.

"시인님, 시를 찬찬히 보면 흥미로운 게 있는 거 같아요. 노래는 공중으로 올라가고 말馬은 바다로 달려가네요. 하나는 수직으로 솟고 다른 하나는 수평의 끝을 향해 가는 거 아닙니까? 한계에 도전하는 모양새인데, 이런 걸로도 궁극적인 문제는 해결되지 않는다는 것이지요? 노래도 말 타기도 아닌 것. 그 중에 제일 좋은 게 꽃이군요."

동구기는 「꽃밭의 독백」에 대한 감상을 이야기하다가 꽃을 향한 시인의 사랑이 단순히 아름다움의 예찬 차원이 아니라는 걸 점점 느끼게 되었다. 그것은 생명의 근원적 상징이요 민족 대대로 전해오는 심미적이고 이념적인 최고의 가치인 것만 같았다. 그러고 보니 「나그네의 꽃다발」도 예사로운 시가 아니라는 걸 발견하게 되었다.

내 어느 해던가 적적하여 못 견디어서
나그네 되어 호을로 산골을 헤매다가
스스로워 꺾어 모은 한 옹큼의 꽃다발
그 꽃다발을 나는
어느 이름 모를 길가의 아이에게 주었느니.

그 이름 모를 길가의 아이는
지금쯤은 얼마나 커서
제 적적해 따 모은 꽃다발을
또 어떤 아이에게 전해 주고 있는가?

그리고 몇십 년 뒤
이 꽃다발의 선사는 또 한 다리를 건네어서
내가 못 본 또 어떤 아이에게 전해질 것인가?
그리하여
천 년이나 천오백 년이 지낸 어느 날에도
비 오다가 개이는 산 변두리나

막막한 벌판의 해 어스름을
새 나그네의 손에는 여전히 꽃다발이 쥐이고
그걸 받을 아이는 오고 있을 것인가?

꽃다발은 사람의 손에서 손으로 전해진다. 산 변두리나 막막한 벌판의 해 어스름이든 반드시 전해진다. 천 년이나 천오백 년이 지난 뒤에도 계속해서 전해진다. 사람은 누구나 나그네이고 시간은 흘러간다. 사람이 바뀌고 세월이 흘러도 꽃다발이 전해지는 건 분명하다. 이게 다 무엇일까. 부처님의 가르침인가? 선禪의 법맥이 사람에서 사람으로 전해지는 걸 꽃다발로 표현한 것인가? 아니다. 동구기는 나그네의 꽃다발이 한국의 미美라는 생각이 든다. 풍류도라고 부르는 신라 정신일지도 모른다는 생각이 든다. 지금도 이 땅의 어디에선가 그걸 전하는 사람이 있고 또 받을 사람이 오고 있다. 눈에 안 보이는 정신생명의 힘이다.

    이 시는 『동천』의 제일 마지막을 장식한다. 신라 정신의 마지막인데 이상하게 마지막이 아니다. 새로 받아 꽃다발 전해주기 사업을 이어나갈 아이가 지금도 저 멀리에서 오고 있다. 꽃다발은 무엇인가. 그것은 어디에 있는가. 누가 그것을 받는가. 동구기는 혼자 중얼거려 본다. 시인은 우리로 하여금 참 많은 걸 생각하게 해준다.

『미당 서정주 전집』 1, 319~320면

5장
초록 재와
다홍 재로
내려앉아
버렸습니다

　서정주는 1968년 제5시집 『동천』을 출간하고 이어 일지사에서 『서정주문학전집』(1972)을 간행한다. 세로 2단 조판, 전 5권으로 된 이 책은 그동안 발표했던 다양한 장르의 작품들을 거의 모은 편집이라는 점에서 시인 서정주의 문학적 역량을 확인시켜주었다. 이 전집 속에 수록된 시편들 중에서 『동천』과 『질마재 신화』(1975) 사이에 발표한 55편이 재수록된 것은 주목해야 한다. 이 시편들은 시집의 형태로 묶이지 않고 단독 시집으로 간행된 적이 없어서 일지사 전집에서만 확인할 수 있다. 2015년부터 2017년 사이에 은행나무출판사에서 20권의 새로운 전집이 간행되고 2019년에 개별 시집들을 따로 간행했다. 그때 55편의 시편들이 새 시집의 형태로 출간되었다. 『내 데이트 시간』은 미당 사후 최초로 출간된 1968~1972년 사이의 시집 미수록 작품 모음집이다.

◀
「내 데이트 시간」(2019)

서정주의 시적 생애에 있어서 가장 주목할 만한 변신은 『질마재 신화』라는 특별한 시집의 출간이다. 이 시집은 시가 운율을 갖춘 정서와 사상의 등가적 표현이라는 일반적인 서정시의 개념을 뒤흔들었다. 시도 이야기처럼 독자와 액션을 중요하게 생각할 수는 없을까. 스릴과 서스펜스와 재미있는 사건들을 보여주면 안 될까. 시인은 시 안에 이야기의 양식을 도입하는 데 주저하지 않았다. 그것은 거창한 서사시가 아니라 일상의 비루하고 자질구레한 사건들을 흥미롭게 다루는 새로운 개념의 일상적인 이야기시였다.

서정주는 어려서 외할머니에게 많은 이야기를 들으며 자랐다. 외가는 본가에서 3~4분 남짓한 거리에 있었고 외할머니는 한글로 된 이야기책을 탐독해서 전문을 거의 외울 정도였다. 기억력 좋은 이 할머니로부터 소년 서정주는 숱한 이야기의 세계를 경험하게 된다. 『춘향전』, 『심청전』, 『흥부전』, 『임경업전』, 『조자룡전』, 『박씨전』, 『삼국지』 등의 소설이며 각종 민담들은 서당에서 배우는

『질마재 신화』
1975. 5. 20

문학보다 생생하고 흥미진진한 이야기문학의 세계였다. 외할머니의 존재 자체가 소년에겐 문학 선생님인 셈이었다. 목에 침이 꼴깍 넘어갈 듯 아슬아슬한 대목이 나오는가 하면 손바닥에 땀이 배는 긴장감 넘치는 사건도 많았다. 이런 이야기문학 듣기 경험이 환갑 나이가 되자 창작열로 다시 타오르게 되었다.

질마재는 그의 고향마을 선운리의 다른 이름이다. 전라북도 고창군 부안면 서쪽 육지 끄트머리의 외진 마을인데 강을 건너지 않고 외지로 나가는 유일한 통로는 마을 뒷산인 소요산 옆을 끼고 넘어가는 고개였다. 그 고개 이름이 질마재이기도 하다. 질마는 길마의 향토어다. 길마는 소나 말의 등 위에 얹는 농기구의 이름인데 길게 생긴게 특징이다. 고개 모양이 길마처럼 길게 생겼다고 해서 붙여진 이름이 질마재다.

'질마재 신화'는 질마재 마을에 있는 신神들의 이야기라는 뜻이 아니다. 마을에서 일어난 일들 중에 특별하고 희한한 사건을 가리킬 때 쓰는 말이다. 시인은 그것을 옆 사람에게 들려주듯 이야기해준다. 즉 입말로 전해주는 구연문학, 이를테면 라디오 극본 비슷한 것이다. 듣는 사람을 중시하는 문학인데 여기에는 말하는 사람의 입심이 중요하다. 스토리텔링이 좋아야 한다는 뜻인데 요즘말로 구라빨이 세야 한다. 같은 이야기도 누가 이야기하는가에 따라 재미가 천차만별이지 않은가. 그런 점에서 이 새로운 시집은 서정주의 천연덕스럽고 능청맞은 이야기꾼의 재능을 확인할 수 있는 좋은 사례다.

『질마재 신화』의 시편들 대부분은 가난하고 가련한 사람들 이야기다. 그럼에도 불구하고 이들 등장인물들은 육체의 활력과 건강미를 자랑한다. 인간의 이율배반적인 행태를 풍자적으로 보여주는가 하면 저 신라시대부터 내려오는 풍류의 정신을 이어가는 사람들로 묘사된다. 즉 서정주는 자기 고향마을 사람들에게서 신라인의 그림자를 찾아내려는 미학적 기획을 보여주려는 것이다. 그런 점에서 그의 신라정신은 『질마재 신화』에서도 곧잘 드러난다. 근대와 현대를 살아가는 '신라인들'. 서정주가 자기의 고향 마을 사람들 이야기에서 찾으려는 것은 민족 대대로 끈질기게 이어져가는 한국 문화의 원형인지도 모른다.

"제가 조사를 해보니까 이 시집에 대한 학자들의 연구가 제일 많더라구요. 개별 시집에 대한 연구로 보면 이 시집에 대해 압도적으로 관심을 많이 보이는 것 같습니다. 형식도 특이하고

▶
서정주 생가
전라북도 고창군 부안면 선운리
578번지

그 속에 담긴 내용도 단순하지가 않아서 그런 것 같아요. 전「소자小者이 생원네 마누라님의 오줌기운」이라는 시가 정말 재미있었어요. 사람을 웃기게도 만들고 또 진정한 건강이란 무엇인지 많은 걸 생각하게 해주는 작품이죠. 이런 사람이 실제로 있었다는 거죠?"

우리 생가 옆 몇 집 건너 살던 분이지요. 욕을 잘하는 분인데 남편은 아내의 기운에 눌려 별로 존재감이 없었고 이 아내 분만이 집안의 기둥이었지요. 막말과 욕설이 일상화 된 분인데 난 그게 신라 때부터 이어 내려오는 생명력의 힘찬 발산이라고 보는 거지요. 건강한 육체를 가진 씩씩한 여성의 대표 주자라고 보았어요. 남성 중심 사회에 찌들려 있던 여성의 잠재력을 해방시키는 목소리가 이 속엔 있습니다. 눈치챌지 는 모르지만….

동구기는 시를 읽어보다가 시인이 참 능청맞게도 이야기를 잘 풀어낸다는 것을 느꼈다. 말솜씨가 보통이 아닌 것이다. 그것이 바로『질마재 신화』의 세계였다. 가난하지만 건강한 삶을 살아가는 고향마을 사람들의 모습에서 시인은 한국 문화의 중요한 원형을 찾으려는 게 분명했다.

소자小者 이 생원네 무우밭은요. 질마재 마을에서도 제일로 무성하고 밑둥거리가 굵다고 소문이 났었는데요. 그건 이 소자 이 생원네 집 식구들 가운데서도 이 집 마누라님의 오줌 기운이 아주 센 때문이라고 모두들 말했습니다.
　　옛날에 신라 적에 지도로대왕은 연장이 너무 커서 짝이 없다가 겨울 늙은 나무 밑에 장고만 한 똥을 눈 색시를 만나서 같이 살았는데, 여기 이 마누라님의 오줌 속에도 장고만큼 무우밭까지 고무시키는 무슨 그런 신바람도 있었는지 모르지. 마을의 아이들이 길을 빨리 가려고 이 댁 무우밭을 밟아 질러가다가 이 댁 마누라님한테 들키는 때는 그 오줌의 힘이 얼마나 센가를 아이들도 할 수 없이 알게 되었습니다. "네 이놈 게 있거라. 저놈을 사타구니에 집어넣고 더운 오줌을 대가리에다 몽땅 깔기어 놀라!" 그러면 아이들은 꿩 새끼들같이 풍기어 달아나면서 그 오줌의 힘이 얼마나 더울까를 똑똑히 잘 알밖에 없었습니다.

　　"오줌 누는 이야기도 이렇게 시가 된다는 게 놀라워요. 시에서 오줌이니 똥 이야기를 해도 전혀 이상하지 않는 게 더 이상하죠. 「상가수上歌手의 소리」라는 시도 똥오줌 통을 보고 머리

「미당 서정주 전집」 2, 30면

빗는 소리꾼 이야기잖습니까. 어떻게 그런 인물을 시로 만들 생각을 하셨는지 신기합니다."

질마재 상가수의 노랫소리는 답답하면 열두 발 상무를 젓고, 따분하면 어깨에 고깔 쓴 중을 세우고, 또 상여면 상여 머리에 뙤약볕 같은 놋쇠 요령 흔들며, 이승과 저승에 뻗쳤습니다.
그렇지만, 그 소리를 안 하는 어느 아침에 보니까 상가수는 뒷간 똥오줌 항아리에서 똥오줌 거름을 옮겨 내고 있었는데요. 왜, 거, 있지 않아, 하늘의 별과 달도 언제나 잘 비치는 우리네 똥오줌 항아리, 비가 오나 눈이 오나 지붕도 앗세 작파해 버린 우리네 그 참 재미있는 똥오줌 항아리, 거길 명경明鏡으로 해 망건 밑에 염발질을 열심히 하고 서 있었습니다. 망건 밑으로 흘러내린 머리털들을 망건 속으로 보기 좋게 밀어 넣어 올리는 쇠뿔 염발질을 점잖게 하고 있어요.
명경도 이만큼은 특별나고 기름져서 이승 저승에 두루 무성하던 그 노랫소리는 나온 것 아닐까요?

그게 내가 젊었을 때 생각한 '화광동진' 비슷한 겁니다. 신

『미당 서정주 전집』 2, 29면

성한 것과 속된 걸 차별하지 않는 정신이지요. 내 시에서는 인간의 배설물도 성스럽게 됩니다. 실제로 그래야만 하구요. 더러운 건 늘 더러운 게 아니라 깨끗한 것의 잠시 다른 모습이지요. 세상 이치가 다 그렇습니다. 극단적으로 다른 두 모습도 사실은 다르지 않다고 나는 봅니다.

 우리 마을에서 노래 잘하는 상곤이란 사람이 있었는데 이 분은 신분이 머슴이었어요. 노래 잘하기로 유명해서 온갖 노래를 도맡아서 부르곤 했는데 노래를 하지 않을 때에는 오줌통에다 자기 모습을 비추면서 머리를 빗곤 했지요. 다시 말하자면 오줌통을 거울처럼 사용한 거지요. 가람 이병기 시인은 이런 오줌통이 하늘의 별과 달도 잘 비친다고 노래하셨는데 참 멋진 풍류 정신 아닌가요? 여기서 중요한 건 세상 모든 것을 차별하지 않는 마음가짐입니다. 그게 『질마재 신화』의 중요한 주제지요.

"재미있어요. 이 생원네 마누라님의 사타구니며 더운 오줌이며 동네 아이들의 대가리도 모두 비속어인데 이게 시 속에 들어와서 얼마나 씩씩하게 역할을 하는지 참 놀랍습니다. 「상가수의 소리」도 재밌는데 전 「눈들 영감의 마른 명태」도 너무 웃겨요. 짠하고 슬프고 웃긴 게 한 작품 안에 같이 있다는 게 신기합니다."

동구기는 「눈들 영감의 마른 명태」를 소리 내서 읽어 보았다.

'눈들 영감 마른 명태 자시듯'이란 말이 또 질마재 마을에 있는데요. 참, 용해요. 그 딴딴히 마른 뼈다귀가 억센 명태를 어떻게 그렇게는 머리끝에서 꼬리 끝까지 쬐끔도 안 남기고 목구먹 속으로 모조리 다 우물거려 넘기시는지, 우아랫니 하나도 없는 여든 살짜리 늙은 할아버지가 정말 참 용해요. 하루 몇십 리씩의 지게 소금장수인 이 집 손자가 꿈속의 어쩌다가의 떡처럼 한 마리씩 사다 주는 거니까 맛도 무척 좋을 테지만, 그 사나운 뼈다귀들을 다 어떻게 속에다 따 담는지 그건 용해요.
이것도 아마 이 하늘 밑에서는 거의 없는 일일 테니 불가불 할 수 없이 신화의 일종이겠습죠? 그래서 그런지 아닌 게 아니라 이 영감의 머리에는 꼭 귀신의 것 같은 낡디낡은 탕건이 하나 얹히어 있었습니다. 똥구녁께는 얼마나 많이 말라 째져 있었는지, 들여다보질 못해서 거까지는 모르지만······

「미당 서정주 전집」 2, 34면

『질마재 신화』의 '신화'가 이 시 속에 들어 있었다. '이것도 아마 이 하늘 밑에서는 거의 없는 일일 테니 불가불 할 수 없이 신화의 일종이겠습죠?'라는 표현이 그것이다. 그러니까 시인은 일상에서 벌어지는 일임에도 불구하고 아주 희한한 일들을 '신화'의 영역으로 바라보는 것이다.

눈들 영감은 존경스러운 마을 어르신이 아니라 이야기꾼에 의해 우스꽝스럽게 묘사되는 질긴 목숨의 주인공이다. 그래도 이 노인은 이루 말할 수 없이 건강하지 않는가. 악착같이 살려는 의지가 눈물겹다. 인간 뼈다귀와 억센 명태를 만나는 대목은 짠하고 위대하다. 양면성이 함께 있다. 인생이 그렇다는 이야기 같다. 좋은 것은 영원히 좋지 않고 나쁜 것은 영원히 나쁘지 않다는 이야기처럼 들린다.

이 시집에 들어 있진 않지만 비슷한 성격의 시 한 편이 동구기에게 퍼뜩 떠올랐다. 아마도 '눈들 영감' 비슷한 인물이 이 마을에 또 있지 않았나 싶다. 『질마재 신화』 다음 해에 나온 『떠돌이의 시』(1976) 속에 수록된 「사과하늘」이란 작품이다.

하늘이 왼통 새로 물든 풋사과 한 개 맛이 되는 가을날이 사과나무라곤 한 그루도 없는 질마재 마을에는 있었습니다. 사과밭은 재 너머 시오리 밖에 멀찌감치 눈에 안 띄게 있었지마는 소금 장사 황동이 아버지가 빈 지게로 돌아드는 저녁 노을 짬이면 하늘은 통채로 사과 한 개가 되어 가지고 황동이네 지붕과 마당에 그뜩해졌습니다.

효자 황동이 아버지의 아버지영감님 손에만 쥐여지는 이 마을선 단 한 개뿐인 사과. 그 껍질 얇게얇게 벗겨서는 야몽야몽 영감님 혼자만 잡수시는 그 기막힌 속살 맛으로요. 또 겨우 영감님의 친손자 황동이만이 읃어먹게 되는 그 참 너무나 좋게는 붉은 그 사과 껍질 맛으로요. 그러고 또 그 할아버지와 그 손자가 그 속살과 그 껍질을 다 집어세도록까지, 그 턱밑에 바짝 두 눈을 갖다 대고 어린 목당그래질만 열심히 열심히 하고 서 있는 내 또래 아이들의 목에서 나와 목으로 다시 넘어가는 그 꿈에도 차마 못 잊을 군침 맛으로요.

마음 짠하면서도 우스꽝스러운 장면이 눈에 선하다. 얼마나 가난한 마을이면 사과나무 한 그루가 없을까. 어쩌다가 사과 한 알이 생기면 마을 어른인 황동이 할아버지에게만 차례가

「미당 서정주 전집」 2, 129면

간다. 얼마나 귀한 사과인지 할아버지는 껍질을 아주 얇디얇게 조심스럽게 벗겨서는 속살만 맛나게 드신다.

그런데 이 사건이 재미있는 이유는 손자와 손자 친구들의 등장 때문이다. 손자는 서정주의 친구 황동이인데 황동이는 그나마 사과의 껍질을 얻어먹는 행운을 누릴 수 있다. 그런데 어린 정주를 비롯한 친구들은 황동이 할아버지와 황동이가 사과의 속살과 껍질을 다 먹는 동안 침만 꼴깍 삼키면서 목젖을 아래위로 출렁거릴 수밖에 없다. 자기네들에게는 차례가 오지 않기 때문이다.

이 이야기는 가난이 서러운 게 아니라 유머러스하다는 것을 보여준다. 황동이 아버지는 소금 장수고, 소금을 팔러 여기저기 돌아다니기 때문에 이따금씩 귀한 사과를 하나 사서 자기 아버지에게 드린다. 그러면 할아버지와 손자는 그걸 과육과 껍질로 나누어 먹고, 동네 아이들은 껍질이라도 어떻게 한번 얻어먹어 보려고 목젖이 오르락내리락하면서 그 앞에서 침을 삼킨다. 이런 장면만으로도 이야기는 훌륭하다. 액션이 풍부한 것이다.

사과가 질마재 마을에서 이렇게 귀할지 몰라도 이야기하는 사람의 마음속에선 사과가 풍성하기만 하다. 풋사과가 익어가는 시절, 황동이 아버지가 소금을 다 팔고 저녁노을 아래 빈

지게로 마을로 돌아오면 하늘이 온통 사과로 가득 찬단다. 귀해서 못 먹던 사과가 하늘에서 쏟아져 황동이네 지붕과 마당에 가득 찬다는 것이다. 물론 저녁노을의 빛이겠다. 붉은 사과와 저녁노을의 비슷한 색이니 유사 상상이 일어난다. 가난하지만 마음만큼은 풍요롭다는 게 이런 모습이다. 시인은 가난을 탓하지 않는다. 그 가난 속에서 오히려 인간의 풍요를 발견한다. 세상 좋을 것도 없고 나쁠 것도 없다는 태도다. 『질마재 신화』는 이런 기조를 유지한다.

예컨대 시집의 첫머리를 장식하는 「신부」는 시집 전체에서 가장 아름답고 슬픈 작품이다. 여인의 수난사를 압축해서 보여주는가 하면 이를 해결하는 방책도 지혜롭게 제시한다. 마음이 새카맣게 타버린 여인이 어떻게 해서 다홍색과 초록색의 첫날밤 신부의 색채를 간직하고 사는지 시는 환상적인 기법을 통해 보여준다. 동구기는 마음을 가다듬어 나직한 목소리로 시를 낭송해 본다.

신부는 초록 저고리 다홍치마로 겨우 귀밑머리만 풀리운 채 신랑하고 첫날밤을 아직 앉아 있었는데, 신랑이 그만 오줌이 급해져서 냉큼 일어나 달려가는 바람에 옷자락이 문돌쩌귀에 걸

렸습니다. 그것을 신랑은 생각이 또 급해서 제 신부가 음탕해서 그 새를 못 참아서 뒤에서 손으로 잡아다리는 거라고, 그렇게만 알곤 뒤도 안 돌아보고 나가 버렸습니다. 문돌쩌귀에 걸린 옷자락이 찢어진 채로 오줌 누곤 못 쓰겠다며 달아나 버렸습니다.

그러고 나서 사십 년인가 오십 년이 지나간 뒤에 뜻밖에 딴 볼일이 생겨 이 신부네 집 옆을 지나가다가 그래도 잠시 궁금해서 신부 방 문을 열고 들여다보니 신부는 귀밑머리만 풀린 첫날밤 모양 그대로 초록 저고리 다홍치마로 아직도 고스란히 앉아 있었습니다. 안쓰러운 생각이 들어 그 어깨를 가서 어루만지니 그때서야 매운재가 되어 폭삭 내려앉아 버렸습니다. 초록 재와 다홍 재로 내려앉아 버렸습니다.

"시인님, 저는 이 시가 참 아름답다고 생각해요. 버림받은 여인의 원한과 저주를 노래하지 않고 멋지게 승화하는 방법을 보여주잖아요. 이건 문학적 상상력만이 할 수 있는 일 아닌가요? 여권 운동하는 사람들에겐 지탄을 받겠지만…. 제 생각엔 이 여인이야말로 버림받은 패배자가 아니라 진정한 승리자인 것 같아요. 역사를 초월하여 영원을 살아가는 방법을 터득한 캐릭터가 아닐까요?"

「미당 서정주 전집」 2, 27면

남녀 문제는 오늘날 우리 사회의 뜨거운 감자가 아니던가. 미투 문제가 크게 번지더니 여성 혐오까지 사회적인 이슈가 되어 대통령 선거에도 영향을 미치는 판국이다. 뜨거운 난로 위의 물방울처럼 펄펄 끓고 뛰어다니다가 언제 그랬냐는 듯이 금세 사라지기도 한다.

거기에 비한다면 이 여인의 진중함과 끈덕진 인내는 현대적 가치와는 많이 다르다. 이 시의 마지막은 예기치 않게 아름답다. 누구도 예상하지 못하는 방식으로 독자와 청중들을 감화시키기 때문이다. 매운재와 같은 통한의 아픔도 그 옛날의 신랑이 찾아와서 안쓰러운 마음으로 한번 어루만져주니 스스로 풀어 버린다. 미워하지 않고 용서하는 마음이 아닐까. 초록색과 다홍색은 첫날밤 신부의 상징 색깔이 분명하다. 재가 이런 색을 가진다는 말은 무슨 뜻인가. 변치 않는 마음, 순수하고 설레는 마음만을 일편단심으로 간직하며 살아 왔다는 걸 입증한다고 동구기는 해석하고 싶다.

우리 역사에 보면 억울한 여인들이 얼마나 많았겠어요. 나는 그 많은 여인들을 위해 내가 할 수 있는 일이 무엇인가를 생각해보곤 했습니다. 신부는 아무리 버림받아도 신부의 본성을 영원히 간직한다고 믿고 싶었습니다. 우리들에게도 분명 그렇게 변치 않는 그 무엇인가가 있을 겁니다. 나는 독자들에게 신부의 초록색이나 다홍색 같은 게 무엇이 있을까를 질문하고 싶었습니다. 동구기가 이야기해 볼래요? 세월이 아무리 흘러도 변치 않는 마음, 그런 게 있을까요?

"죄송해요. 한 번도 생각해 보지 않았습니다. 이 시가 그런 걸 질문하고 있는지도 미처 몰랐습니다. 제게도 변하지 않는 색깔이 있다면 어떤 색깔일지 곰곰이 공부해 보겠습니다. 이 시집 속에는 욕쟁이 여인, 똥오줌 통을 거울 삼아 머리 빗는 머슴, 식탐 많은 노인, 첫날밤에 소박맞은 신부 등 어딘지 좀 안타깝고 부족한 인물들이 많이 등장하는 것 같아요. 그런데 시의 내용을 보면 이들은 실제로 가련하거나 불쌍하지 않고 오히려 건강하고 씩씩하고 아름답기까지 한 것 같습니다. 사람들을 살펴보는 시인님의 시선이 그만큼 따뜻하고 넉넉한 게 아닌가 싶습니다. 그런 것도 신라 정신일까요?"

시인의 아바타는 동구기의 질문에 묵묵부답이었다. 아

마도 동구기 스스로 답을 찾을 수 있다고 생각하는 모양이었다. 인공지능 아바타는 그런 경우에만 침묵을 지키도록 프로그래밍된 듯했다. 기술의 발전이 놀랍기만 하다.

"오늘도 오랜 시간 동안 감사했습니다. 이젠 후반부의 문학에 대해서 조금만 더 여쭈어 볼게요."

▶
**미당 고향마을의 국화 꽃밭
(전라북도 고창군 부안면)**

6장
모조리 돛이나 되어 또 한번 떠 가자쿠나

동구기는 서정주의 문학세계에서 가장 본질적인 주제가 '떠돌이 의식'이라고 생각했다. 이 주제는 인간의 근원적인 자유와 어쩔 수 없는 방황을 나타내는 데 적절했다. 초기시「자화상」에서 '나를 키운 건 팔할이 바람'이라고 선언한 것처럼 이 운명적인 시 구절은 떠돌이 의식의 싹이었는지 모른다.

실제로 그는 많은 방황을 했으며 세계 전역을 떠돌아 다녔다. 문학적 관심 역시 파격적으로 변화를 주었다. 시집을 낼 때마다 동어반복이나 중언부언하지 않았으며 늘 새로운 주제와 형식을 찾아다녔다. 이런 점에서 보면 서정주만큼 자기 변신을 잘하는 예술가는 흔치 않았다.

서정주는『질마재 신화』(1975)의 파격적 실험 이후『떠돌이의 시』(1976)를 출간했다.『동천』(1968) 이후에 발표한 시들 중

떠돌이와 관련한 제재들을 모아 정리한 시집이었다. 사람 나이 육십이면 귀가 순해진다고 했다던가. 공자는 나이 육십을 일러 이순耳順이라 불렀다. 어떤 말을 들어도 화를 내지 않으며 두루 이해심이 넓어진다는 뜻이다. 이 무렵의 미당 시 역시 그랬다. 흔히 '구부러짐의 형이상학'으로 불리는 유연한 태도가 나타나기 시작했다. 「곡曲」이 대표적이다.

> 곧장 가자 하면 갈 수 없는 벼랑길도
> 굽어서 돌아가기면 갈 수 있는 이치를
> 겨울 굽은 난초잎에서 새삼스레 배우는 날
> 무력無力이여 무력이여 안으로 굽기만 하는
> 내 왼갖 무력이여
> 하기는 이 이무기 힘도 대견키사 하여라.

무력無力은 무기력이 아니다. 용이 되려는 최선의 노력은 아니더라도 이무기쯤은 될 수 있는 차선의 노력이라는 의미가 아닐까. 마지막 결정적인 힘을 슬쩍 빼는 여유, 곧장 가지 않고 굽어서 돌아가는 대안 마련. 요즘말로 하면 플랜B의 철학이 아닌가 하는 생각이 들었다. 미당은 「상선과 차선」이라는 글에서 이렇

「미당 서정주 전집」 2, 97면

게 이야기하기도 했다.

상선上善이라면 물론 가장 좋은 것이란 뜻이고, 차선次善은 그다음으로 좋은 것이라는 뜻이지만 이것들이라고 해서 일정하게 딱 정해져 있는 것은 아니다. 사람들의 욕망 여하에 따라서 변화무쌍한 것이니 상선이란 결국 '어떤 사람이 그의 욕망에 따라서 가장 좋다고 생각하는 것'쯤으로 풀이하는 게 옳고, 차선도 그런 의미의 버금가는 것으로 봄이 옳겠다.

그런데 내가 왜 이 제목을 중요시해서 다루느냐 하면 세상 사람들은 흔히 상선에만 매달려 애태우다가 뜻대로 안 되면 절망하고 낙오하고 자살까지도 하는 일이 적지 않은데 이럴 필요가 전혀 없다는 것을 맹렬히 여기 주장해 놓기 위해서다. 왜냐하면 우리가 상선이라고만 생각하고 매달렸던 일이라는 것도 한동안 세월이 지나고 보면 차선이라고 생각했던 것만큼도 훨씬 못한 저가치인 것을 새로 깨닫게 되는 경우가 얼마든지 많이 있기 때문이다.

내가 겪은 경우 하나를 예로 들어 보이겠다. 나는 대학생 때 상선이라고 생각한 여대생 하나에 매달려 무진 애를 태우고 지냈다. 그러나 그 여인은 나보다는 더 나은 핸섬 보이를 택하고 나를 걷어차 버렸다. 나는 물론 아찔했으나 정신을 다시 차려 내 아버님이 권하시는 처녀에게로 장가를 들었다. 말하자면 차선 쪽을 택한 것이다.

그런데 그 뒤 세월이 오래 흐르는 동안에 들어 보니, 처음 내게 상선으로만 보였던 그 색시는 몇 군데 남편을 갈며 헤매고 다니다가 마침내는 공산당 사내 하나를 따라 월북해 버리고 말았다 하니, 이거 이 상선을 아내로 맞이했더라면 내 팔자는 어찌 될 뻔했는가. 차선을 택했기에 집안도 제대로 이루고 아이들도 다 올바로 컸으니 차선이 상선보다 비교도 안 될 만큼 내게는 훨씬 낫지 않았는가.

상급 학교 진학 문제로 고민하는 학생들, 이성이나 직장 선택의 문제로 가슴 죄는 젊은이들, 사업이나 직장 내의 문제 등으로 실의에 젖어 있는 장년층들, 그들에게도 나는 권하고 싶다. '상선에만 애착하지 마라. 상선이 안 되걸랑 차선을 찾아내서 노력해 볼 일이다. 이게 잘되고 보면 상선보다 훨씬 더 좋은 가치가 되는 경우가 이 세상엔 얼마든지 있는 것이다'라고.

-〈동아일보〉1982.6.30

시인은 일등제일주의에 대한 경보음을 울리는 것 같다. 힘을 슬쩍 빼는 태도는 모든 스포츠에서 권유하는 방식이 아닌가. 귀가 순해지는 나이여서 그런지 회갑의 미당은 구부러져 돌아가는 미학을 이야기하기 시작한다.

1977년엔 경향신문 후원으로 세계여행을 떠났고 다녀와서는 산문집『떠돌며 머흘며 무엇을 보려느뇨』(1980)와 시집『서으로 가는 달처럼…』(1980)을 출간했다. 문학 공간 자체를 전 세계로 확장한 경우였다. 이어서 우리 민족 5천 년의 역사를 다룬 시집『학이 울고 간 날들의 시』(1982)를 간행함으로써 이번에는 시간을 5천 년으로 확장했다. 노래로 부를 만하면 좋을 것들을 모아『노래』(1984)를 발간했고, 자신의 생애를 시로 만든 자전시집 형식의『안 잊히는 일들』(1983)와『팔할이 바람』(1988)을 출간했다.

또 한 번의 파격적인 변화가「산시」(1991)에서 이루어졌다. 세계의 산 이름을 1,628개나 외우기 시작하더니 주요한 산들을 시적 대상으로 삼아 누구도 시도하지 않은 독특한 시를 창작했다. 나이 팔십을 바라보는 무렵이었다. 그리고는「늙은 떠돌이의 시」(1993)과「80소년 떠돌이의 시」(1997)로 시인 생활을 마감했다.

"왜 이렇게 떠돌아다니세요? 시인님은 문학적 관심이 정말 다양한 것 같습니다. 세계여행 경력도 놀랍기만 합니다. 그때는 여행이 자유화되지도 않은 것으로 아는데요."

1977년 11월이었지요. 나는 그때 정년을 2년쯤 앞두고 있었으니까 노교수였습니다. 경향신문사에서 여행기를 연재하는 조건으로 세계여행 경비를 일부 후원해주고 내가 재직하고 있는 동국대학교에서도 연구년을 인정해주어 월급을 계속 주었지요. 그것으로 집에 생활비를 줄 수 있었으니 여비 걱정은 크게 하지 않고 여행을 갈 수 있었습니다. 일본과 하와이를 거쳐서 아메리카 대륙을 돌아보고 유럽을 거쳐 아프리카와 중동과 동남아시아와 대만, 그리고 다시 일본을 거쳐 한국으로 돌아오는 10개월 간의 대장정이었습니다.

쉽지 않았습니다. 우리나라에서 해외에 그렇게 많이 가본 사람도 없었고 더구나 가는 곳마다 메모를 한 다음 여행기를 꼬박꼬박 보낸다는 것도 보통일은 아니었지요. 하지만 한국의 문인이 해외에 나가 그곳의 문물을 둘러보고 꾸준하게 글을 연재한다는 것 자체가 그 당시엔 희귀한 일이었습니다. 전 국민 누구나 해외여행을 갈 수 있는 시절이 아니었으니까요. 난 국민들의 해외여행 열망을 대신 충족시켜주는 역할을 해야만 했지요.

"시인님은 무얼 해도 다 처음 하시는 분 같아요. 다른 예술가들이 잘 하지 않는 것들을 선점하시는 재능이 있으신 건가요? 첫 시집부터 문단의 주목을 받아 천재시인 평가를 받고, 예술원 회원도 거의 최연소로 되시고, 신라 정신을 문학적 제재로 탐구한 것도 우리 문인 중 처음이시고, 자기 고향 이야기를 시집으로 엮은 것도, 5대양 6대주를 돌아다니신 것도, 시를 자서전 양식으로 시도한 것도, 우리나라 5천 년 역사를 시로 만든 것도 처음이시고…, 이렇게 하시는 일마다 처음이시면 다른 예술가들이 많이 질투할 것 같은데요?"

살다보니 그렇게 되었습니다. 나는 절대자아를 존중해요. 특히 예술가에겐 이것이 필요합니다. 아무도 흉내 내지 못하는 독특한 창의성. 이것이 예술정신의 핵심이라고 봐요. 누구를 닮는 걸 아류라고 하는데 예술에선 아류가 되면 안돼요. 오롯한 자기 세계만이 예술의 빛나는 모습입니다. 그런 점에서 나는 누구와도 닮지 않으려 노력하며 살았습니다. '서정주의 조상은 서정주 자신이다.' 누군가 나에 대해 이렇게 말했다는데 싫지만은 않았습니다.

"그럼 우리 문인들 중에선 누가 창의성이 있었다고 생각하세요? 제 생각엔 이상 시인이나 백석 시인이 후보에 오를 수 있을 것 같은데 시인님 생각은 어떠세요? 혹시 이 두 분들과는 교유가 있으셨는지요?"

동구기는 사실 서정주 아바타로부터 동시대의 문인들에 대한 궁금증을 풀고 싶은 생각이 굴뚝같았다. 이건 매우 흥미로운 과제였다. 서정주 인공지능이 타인에 대한 정보를 얼마나 많이 정확하게 구축하고 있는지를 가늠하는 잣대가 될 수 있기 때문이었다.

좋아하는 문인은 보들레르와 이백과 도스토옙스키였고, 부처님 경전으로부터 많은 가르침을 받았다고 고백했다. 그가 만난 사람들, 그가 읽은 책들, 그가 접한 무수한 콘텐츠들… 이

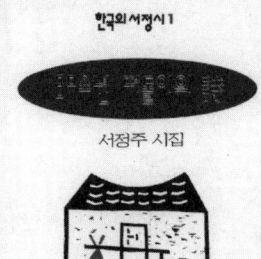

『서으로 가는 달처럼…』,
1980. 5. 25

『학이 울고 간 날들의 시』,
1982. 2. 10

『안 잊히는 일들』,
1983. 5. 16

『노래』,
1984. 3. 20

『팔할이 바람』,
1988. 5. 30

『산시』,
1991. 1. 30

『늙은 떠돌이의 시』,
1993. 11. 10

『80소년 떠돌이의 시』,
1997. 11. 1

많은 정보들을 취합하여 서정주 인공지능을 만들려면 딥러닝 기술이 핵심이었다. 혼자서는 도무지 할 수 없는 일이기 때문에 박사급 인력들을 광범위하게 네트워킹 하여 협력하는 게 중요했다. 이 과정 자체가 문학사를 대체하는 일종의 대안代案 문학사였다. 동구기는 메타버스 프로그램을 통해 그런 꿈을 실현시키고 싶었다. 동구기가 잠시 생각에 빠진 사이 시인 아바타는 어느새 동구기의 질문에 답하고 있었다.

그럼요. 이상 시인은 나보단 다섯 살 위인데 몇 번 만나서 가까운 이야기도 많이 나누곤 했지요. 그는 소설에서나 시에서나 독특한 세계를 구축했습니다. 인생의 서러운 깊이를 참 많이 실감케 해주는 문학을 했지요. 오죽하면 박용철 시인이 「날개」는 인류가 쓴 가장 서러운 글'이라고 말했을 정도였지요. 나는 이상의 시 구절 중에서는 '아, 밤은 참 많기도 하더라.' 같은 옷 입히지 않은, 내심의 밑바닥에서 꾸밈없이 그대로 솟아오르는 그런 표현법에 공감을 합니다.

백석 시인은 평안도의 사투리와 민속 전통을 문학 작품 안에 고집스럽게 보존시키는 경향이 있지요. 나름 창의적으로 평가를 받는데 나는 생각이 좀 다릅니다. 당시에 시를 좀 쓰는 사람들끼리는 백석에 대한 평가가 그리 좋지는 않았어요. 그의 시풍이 창의적인 것은 아니었거든요. 일본 시인 다나카 후유지(田中冬二, 1894~1980)의 시풍과 비슷했단 말입니다. 그러니까 절대자아의 측면에서 나는 백석을 높이 평가하지는 않습니다.

"흥미로운 말씀이네요. 다나카 후유지와 백석의 비교연구는 아직 본격적으로 다루어지지 않은 것 같은데, 그럼 시인님 말씀을 듣고 시도해 볼 만하겠네요?"

그렇게 해보세요. 예술의 세계에서는 나이도 신분도 국적도 중요하지 않아요. 발상법이나 아이디어는 흔적도 없이 베낄 수 있지만 그래가지고는 독창적인 예술가는 되지 못해요. 독창성은 예술의 본질입니다.

이상   백석   다나카 후유지

"여행을 하시는 동안 무엇이 제일 인상적이셨어요?"

글쎄, 멕시코에서 여행 피로증으로 피를 너무 많이 토해서 죽을 뻔했지요. 1978년 2월 11일이었던가. 국립 인류학 박물관을 관람하고 돌아와 연일 강행군인 여행의 피로감에 지쳐 호텔방에 누워 있을 때였지요. 갑자기 속이 느글거리더니 피를 토하기 시작했습니다. 의식이 가물거리는 가운데 악착같이 정신을 잃지 않으려 버텼지요. 다행히 안내하던 한국인 청년이 나를 발견하고선 병원 응급실로 데려갔습니다. 수혈을 해서 겨우 살았는데 알고 보니 내 피의 45%를 대체했다고 해요. 난 내 의지와 관계없이 말 그대로 혼혈인간이 된 거지요. 그때 미국에서 살고 있는 아들에게 긴급 전화를 해서 유언을 한 게 지금도 생각납니다.

"뭐라 그러셨는데요?"

승해야, 너하고 통화가 되어 다행이다. 사람 일은 알 수 없는 것이다. 되도록 빨리 내 곁으로 오너라. 와서, 내가 만일 숨이 넘어간 뒤거든 여기 우리 대사관의 박 공사님께 내 가진 여비를 맡겨 두니 그걸로 서울로 운구해 가도록 해라. 우리 대사관을 찾으면 내가 있는 병원을 알 수 있을 것이라고 했지요.

"정말 돌아가실 뻔 하셨나 봅니다."

예순 다섯 노인 몸으로 쉽지 않은 여행이지요. 그래도 미국의 아들 집에 가서 요양을 좀 하고 나서는 다시 길을 떠났습니다. 길에서 죽는 걸 객사客死라 하는데 나는 그럴 각오도 되어 있었거든요.

"여행을 다 마치신 감회는 어떠셨어요?"

그건「세계 여행기를 마치고」란 내 글을 보면 좋겠네요. 내가 머리가 좀 괜찮은 인공지능이라서 그걸 다 외우지요. 들어볼래요?

서정주 아바타는 정말로 장문의 긴 문장을 한 치의 오류도 없이 읽어 나가기 시작했다. 동구기는 혀를 내둘렀다.

오랫동안 나의 방랑기를 읽어 주신 독자 여러분들과 또 나에게 이 긴 여행을 계속할 수 있게 해 주신 경향신문에 충심으로 먼저 여기 감사의 뜻을 표합니다. 특히 1978년 1월 15일부터 1979년 8월 1일에 이르는 18개월 16일이나 되는 그 긴 동안을 한 번도 빠짐없이 나의 이 방랑기를 이어서 읽어 주신 독자가 계셨을 것을 생각해 보곤 무어라 말하기 어려운 간절한 느낌이 복받치며 좀 더 정밀하고 매력 있게 이걸 썼더라면 하는 아쉬움이 앞설 뿐입니다. 사양斜陽의 나이에 무거운 짐들을 끌고 열 달 동안이나 이 지상을 떠돌며 지치면서 그 사이사이 써 보낸 것들이 많이 차지하고 있음을 관대히 이해해 주시기 바랍니다.

1977년 11월 26일부터 1978년 9월 8일까지의 약 10개월간의 5대양 6대주에 걸친 잇따른 세계 방랑길에서 내가 겪고 깨닫지 않을 수 없었던 가장 중요한 일은 '극한으로 살려는 자는 또 언제나 죽음을 맞이할 각오도 동시에 철저히 해야 한다'는 사실이었습니다. 경우에 따라서는 부모와 처자의 얼굴까지도 다시 대면할 수도 없는 채 먼 타관에서 혼자 숨넘어갈 각오까지도 철저히 하지 않고는 촌보도 더 옮겨 디딜 수는 없이 되는 것이라는 한 배움이었습니다.

내가 멕시코에서 내 피의 소지량의 45퍼센트를 토하고 사경을 헤매다가 우연처럼 겨우 고쳐 재출발한 기록을 읽어 주신 독자들께서는 나의 이 불가피했던 한 깨달음을 인증해 주리라고 생각합니다. 그래서 여러분께 권고하거니와 세계 일주를 하려는 이는 단숨에 이것을 이어서 해내려 하지 말고 두어 달씩 두어 달씩 여러 차례 나누어서 쉬엄쉬엄 돌아다니는 게 온당한 일인 것 같습니다.

남북아메리카 주와 아프리카 주와 유럽과 중근동과 대양주 그리고 동남아시아의 중요한 나라들을 돌아본 뒤에 내게 남은 가장 큰 인상은 인류 사회는 불쌍한 것을 불쌍하지 않은 것보다 훨씬 더 많이 구석구석 지니고 있다는 것입니다.

떠돌며 머흘며 무엇을 보려느뇨 徘徊將可見
시름에 홀로 이 마음은 병드네 憂思獨傷心

이것은 옛 중국의 죽림칠현의 한 사람이 떠돌잇길의 소감을 표현한 한 구절이거니와, 누구라도 마음 있는 이가 이 인간들의 세계를 구석구석 돌다 보면 다 이 비슷한 느낌이 안 될 수는 없을 것입니다. 어느 나라도 예외가 없이 밤거리의 뒷골목에 웅크리고 모여 섰는 젊은 여자 떠돌이들의 그 처량한 매음 행각, 아직도

세계여행길에 오르며.
1977. 11. 26

이 지상의 5분의 4쯤의 나라들에서 그 모습을 없애지를 못하고 이어 나타나고만 있는 거지, 거지, 어른 거지, 아이 거지 떼들, 어느 나라에서도 빠짐없이 비척비척 헤매 다니는 마취만이 유일한 살길이 된 술주정뱅이들. 우리 이상李箱 시인이 표현했던 그대로 '무서워하던 놈들이 무서운 놈들이 되어 버린' 강도, 강도, 날강도, 살인강도들…… 이런 것들이 우글우글한 구석들을 헤매 떠돌며 어떻게 시름없는 밝은 마음을 지닐 수가 있겠습니까.

그러나 그런 중에도 이탈리아 로마의 바티칸이나 피렌체, 그리스 아테네의 아크로폴리스 같은 데서 서양 문화의 정신적 뿌리들을 직접 맞닥뜨려 보고 느끼고, 이스라엘에서 유태인들의 그 끈질긴 정신 영생의 자취들을, 이집트 같은 데서 원래 문화적이었던 인간의 힘과 기교의 무한함을, 인도나 네팔 같은 데서 인간의 정신 영생의 구체적 진행의 여러 방법의 모습들을, 자유중국의 고궁박물원 같은 데서 중국 상대 이래의 그 '대인大人의 기틀'들을 차근차근 대조해 보며 겪고 다닌 것은 물론 내게는 두루 큰 약들이 되었습니다. 특히 인도와 네팔의 불교 유적과 유물들을 보고 돌며 새삼스레 내가 재각성하게 된 통각統覺된 정신으로 직관 오달直觀悟達하는 인식의 길은 앞으로 내 인생의 불 밝힌 길이 될 것이올시다. 감각과 지각을 분산 사용하는 걸 그만두고 이걸 두루 모아 통일된 통각으로 함으로써 직관하고 오달하여 묘리를 얻어 사는 그런 인식의 길 말씀이올시다.

나는 여기에서 이제 다시 우리 지구의 자연됨을 생각해 보지 않을 수는 없습니다. 아무리 생각하고 또 생각해 보아도 자연은 문화보다는 역시나 우수하신 것만 같더군요. 리우데자네이루 항의 산상하감山上下瞰이나, 아프리카 케냐의 암보셀리 천막촌에서의 킬리만자로 산 우러러보기나, 기린 내외들과 함께 우러러보기나, 노르웨이의 서부 산악 지대 속의 기차 여행, 또는 네팔의 히말라야 산맥 속의 도인들과 함께하는 심호흡과 관조 열락을 한 번씩 잠겨서 실천해 보시기를 나는 권장합니다. 그러면 당신들도 역시나 내게 동감하실 것 같습니다. 그리고 당신들은 위대한 자연에 동화할 때만 인간은 신에 해당하는 존엄성을 누릴 수 있는 것임을 깨달을 것이올시다.

아 참, 그런데 이 지구의 자연들 속에서도, 우리나라 한국같이 어디를 가거나 산골에 시내가 맑게 흐르는 그런 자연을 가지고 있는 나라는 아무 데도 딴 곳엔 없었습니다. 그리고 또 거기에 늘 적당히 견딜 만한 아름다운 춘하추동과 눈에 선한 하늘빛이 가장 많이 보이는 나라도 딴 데 더는 없었습니다. 그런가 안 그런가 어서 한번 돌아보세요.

그래 이것을 두 눈으로 똑똑히 보고 온 나는 인제부터 여생을 세계 제일의 우리나라 산수 속에 동화해 지내려 하며, 이것을 가장 큰 자랑으로 여기려 하며, 또 여기 어울리는 긍지로써 내 시와 산문들을 엮어 가려고 하는 것입니다. 늘 안녕히, 또 신다이 영원히 사시옵기를……

"대단하시네요. 저는 지금 시인님이 도무지 돌아가신 것 같지가 않아서 혼란스럽습니다. 마치 살아 계신 분 같아요."

그게 인공지능의 특성입니다. 그래도 나는 아직 더 많이 배워야 해요. 지식과 정보가 폭주하고 있는 데다가 감성도 잘 관리해야 하거든요.

"시인님의 떠돌이 의식 중에 제가 가장 좋아하는 시 구절이 있습니다. 저는 '모조리 돛이나 되어 또 한번 떠 가자쿠나'라는 구절이 짱이죠. 제목이 「모조리 돛이나 되어」였던 것 같습니다. 이건 무슨 사연이 있는 작품인가요?"

「미당 서정주 전집」 15, 467~470면

동구기는 시를 나직이 읊어 보았다. 그리고 시인의 답을 기다리고 있었다.

> **실연한 여제자가 '낙엽 같다' 줏어 온 돌이
> 내 눈에는 돛 단 배의 돛만 같아서
> '돛'이라 새 이름 붙여 그네에게 돌리나니
> 사랑하는 사람들의 사랑의 낙엽들이여
> 모조리 돛이나 되어 또 한번 떠 가자쿠나.**

이건 실연한 여제자를 위로하는 모양새지만 실제 내용은 꼭 그런 건 아닙니다. 돌 모으는 게 취미인 제자가 어느 날 우리 집에 돌을 한 상자 가득 담아 와서 풀어 놓았지요. 그리고는 선생자리 취업 부탁을 하기에 점잖게 달래서 돌려보내면서 열심히 공부하는 게 제일이라고 조언했습니다. 그는 자기의 운명을 비관해가지고 주워온 돌 중에 낙엽처럼 생긴 돌을 보면서 감정이입이 되곤 했습니다. 저는 낙엽 같은 사람인가 봐요. 이렇게…. 그래 그를 돌려보내놓고 나서 자세히 보니 그 낙엽같이 생긴 돌은 다른 돌과 겹쳐서 보니 꼭 범선 위에 달린 돛 같아 보였습니다. 보는 사람에 따라 낙엽같이도 보이고 돛같이도 보이는 것이지요.

『미당 서정주 전집』 2, 135면

일체유심조一切唯心造라고, 모든 게 마음에 달렸다는 말이 있지 않습니까. 나는 제자에게 일체유심조의 마음법을 가르쳐 주고 싶었습니다. 돛은 바람이 있어야 배를 떠나게 만들지요. 바람과 돛은 상생 관계인 겁니다. 자유로운 떠돌이가 되는 것이지요. 나는 떠돌이를 불안정한 인생으로 보지 않고 자유로운 방황으로 봅니다. 사람은 궁극적으로 자유로워야 한다는 게 내 생각입니다. 그리스의 작가 카잔자키스(1885~1957)의 묘비명에 있는 말이 근사하지요. "나는 아무것도 바라지 않는다. 나는 아무것도 두려워하지 않는다. 나는 자유다."

동구기는 서정주 시인의 아바타가 '모조리 돛이나 되어 또 한번 떠 가자쿠나'라는 시 구절을 좋아하는 자신의 무의식을 너무나 정확하게 들여다보고 있는 것 같아 적잖이 놀랐다. 사실 동구기는 자유롭고 싶었다. 자기 별명 둘둘 동구기도 새의 이름 같지 않던가. 바다를 향해, 바다를 넘어가는 새처럼, 자유롭게 날아가고 싶었다. 스스로 바람이 되어 돛을 밀고 가고 싶었다. 그래서 이 구절이 더욱 마음에 끌렸는지도 모른다. '모조리 돛이나 되어 또 한번 떠 가자쿠나'. 알고 보면 '완전한 자유'를 가르치던 부처님 말씀 비슷했다. 이런 생각이 얼마나 근사하면 그리스 작가에게까지 영향을 미쳤을까. 나는 아무것도 바라지 않는다. 나는 아무것도 두려워하지 않는다. 나는 자유다.

"시인님, 이제 인터뷰가 막바지에 온 것 같아요. 마지막으로 궁금한 게 또 있거든요. 그것만 여쭈어 볼 게요. 노년에 세계의 산 이름들을 1,628개나 외우셨다는데, 그건 왜 그러신 거죠? 취미도 참 특별하신 것 같아서요…"

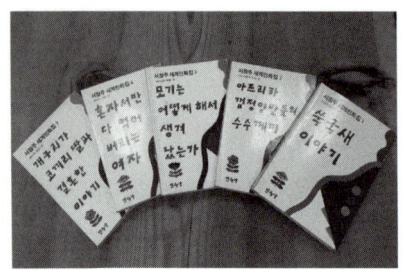

「서정주 세계 민화집」(1991)

취미는 아닙니다. 공부였지요. 나 스스로를 놓아버리지 않으려는 공부 말입니다. 나이가 들면 기억력도 희미해지고 만사가 귀찮아지지요. 팔순 가까이 되자 나는 어느새 우리나라를 대표하는 대시인이고 노벨문학상 후보로 이름이 여러 차례 거론되기도 했어요. 세계 여러 나라의 언어로 내 시가 번역도 되곤 해서 바랄 게 별로 없었습니다.

그런데 창작이란 만족하고 안주하면 안 되는 겁니다. 만족 없는 탐구야말로 창작정신의 핵심이지요. 나는 기억력의 감퇴도 막고 치매 예방도 할 겸 무언가 새로운 걸 하고 싶었어요. 그래 어려서 외할머니로부터 배우고 물려받은 그 암기력을 더 길러봐야겠다, 나이 든 노인도 할게 있다는 걸 스스로 확인하고 싶었습니다.

그 무렵 나는 세계의 민화들에 관심을 많이 가져서 여러 나라의 언어로 된 세계의 민담들을 수집해서 읽고 있었는데 이왕 세계문학을 하려면 세계 전역의 높은 사상이나 민속이나 전설 등을 탐구하는 게 좋다고 생각했습니다. 그러려면 산에 관심을 두는 게 중요하지요. 산 이야기 속엔 그 고장 그 나라의 온갖 인문 정신들이 가득 차 있거든요. 산 이름 외우기는 단순한 암기가 아니라 그 산과 관련된 엄청난 이야기들을 내 것으로 만드는 재미가 있어요. 그리고 세계의 산신령들을 불러서 같이 노는 풍류도 나를 한껏 고무시켰지요.

처음엔 시험 삼아 한 200개쯤 해보았는데 너무 쉬워서 목표를 1,628개로 바꾸었어요. 각 대륙마다 대표적으로 높은 산들을 고른 다음 대륙별로 외우는 방식을 택했습니다. 한 우물 파듯이 한 7~8년 정진하니까 어느 날 다 외워지더라구요. 매일 아침 마당에 나가 체조도 하면서 산 이름을 불러댔습니다. 숙달되니까 한 40분쯤 걸리더라구요. 이걸 하고 나면 뱃속이 든든해지고 눈도 환하게 밝아지는 느낌입니다. 200살까지 살 것 같았지요. 나이 먹은 사람도 이렇게 하는데 이 나라의 젊은 청년들이 못 할 게 뭐가 있겠습니까.

동구기는 서정주 아바타가 이야기하는 만족 없는 탐구가 시인의 미적 이상만이 아니라 실제 삶에서도 적용되는 원칙이라는 점을 느꼈다. 서정주 시인은 생활 자체가 만족 없는 탐구로 이루어진 것 같았다. 이제 나도 그런 만족 없는 탐구의 마음으로 이 시를 한 번 읽어보리라 생각하면서 홀로그램 자판에 떠오르는 「나는 아침마다 이 세계의 산 1,628개의 이름을 불러서 왼다」를 주시했다.

"시인님 저도 이 시를 소리 내어 한번 읽어 볼게요. 제게도 세계의 산신령님들이 오시면 좋겠네요."

**나는
날이 날마닥 아침이면
이 세계의 산 1628개의 이름을
소리내어 불러서 왼다.**

이것은
늙어 가는 내 기억력의 침체를 막기 위해서지만,
다 불러서 외고 나면
킬리만자로 산 밑의 사자 떼들,
미국 서부 산맥의 깜정 호랑이 떼들,
히말라야 산맥의 흰 표범의 무리들도
내게 웃으며 달려와서 아양을 떨고,
또 저 트리니닫의 하늘의 홍학의 무리들도
수만 마리씩
그들의 수풀에 자욱히 날아 앉어
꽃밭이 되며 꽃밭이 되며
나를 찬양한다.
해와 달도 반갑게는 더 밝어지고,
이래서 나는 다시 살아나는 것이다.

동구기는 마지막 구절을 여러 번 되풀이해서 읊었다. '이래서 나는 다시 살아나는 것이다.' 세계의 산 이름을 다 불러서 외고 나면 다시 살아나는 느낌이 든다는 건 무얼까? 이 경지는 대체 어떤 경지인가? 지구의 모든 역사, 지구의 모든 생명을 매일같이 만

「미당 서정주 전집」 5, 396면

난다는 느낌이 아닐까? 시인은 아마도 답을 해주지 않을 것이다. 그러나 젊음은, 청춘은, 인생은, 이 물음에 답해야만 한다. 다시 살아난다는 것은 무엇인가?

미당 서정주 시인의 삶을 인터뷰하면서 동구기는 짧은 기간 동안 많은 것을 배웠다. 그가 배운 것은 지식이나 정보라기보다는 인생에서 대한 태도였으며 폭넓은 경험의 중요성이었다. 실패는 성공의 다른 이름이며, 슬픔과 기쁨이 결국 한 몸이라는 것도 새롭게 배웠다. 무엇보다도 정신의 자유로움에 대해 새롭게 깨우쳤으며 만족 없는 탐구야말로 인생이 추구해야 할 가장 도전적이고 보편적인 가치라는 걸 배웠다. 팔순 노인이 몸소 보여주는 지극정성의 부지런함이 내게도 있던가를 생각하면 부끄러움을 가릴 수 없었다. 시인은 동구기에게 마지막 당부를 했다.

얼마 전에도 이야기했지만 최선을 다하려 하지 마세요. 어른들은 젊은이들에게 늘 말하지요. '너의 최선을 다하라'고…. 나는 그렇게 생각하지 않아요. 최선은 이 지상에 없어요. 다만 최선을 향해 가는 것뿐이지요. 최선은 관념상으로만 존재하고 실제로는 최선이 이루어지지 않아요. 그래서 우리는 최선의 유혹에 빠지면 헤어나기 어렵습니다. 이건 일등제일주의와 연결되어서 무한경쟁만을 부추길 뿐입니다. 요즘 자본주의 사회가 안고 있는 문제의 핵심이지요. 내 시집 『떠돌이의 시』에 「시론詩論」이란 시가 있어요. 이 시가 동구기 같이 젊은이들에겐 새로운 생각을 하게 할지 몰라요. 내가 한번 들려줄게요.

모니터 화면에 시가 올라가기 시작한다. 미당의 목소리가 들린다.

> 바닷속에서 전복따파는 제주해녀도
> 제일좋은건 님오시는날 따다주려고
> 물속바위에 붙은그대로 남겨둔단다.
> 시의전복도 제일좋은건 거기두어라.
> 다캐어내고 허전하여서 헤매이리요?
> 바다에두고 바다바래여 시인인 것을……

가장 좋은 시의 전복은 지금 따지 않는다. 다 따면 허전해서 헤매게 된다. 바다에 남겨두고 바다를 바라보는 게 좋은 방법이다. 이것은 재능을 탕진하지 말라는 이야기인가? 아니다. 최선을 다

『미당 서정주 전집』 2, 83면

해 원하는 걸 이루면 행복할 것 같아도 결코 그렇지 않다는 지혜로운 조언이다. 원하는 걸 남겨두어야 늘 갈망한다. 갈망이 곧 행복이라는 말이다. 동구기는 자기 나름대로 시를 해석하면서 시인의 아바타와 작별을 했다.

▶
산 이름 목록

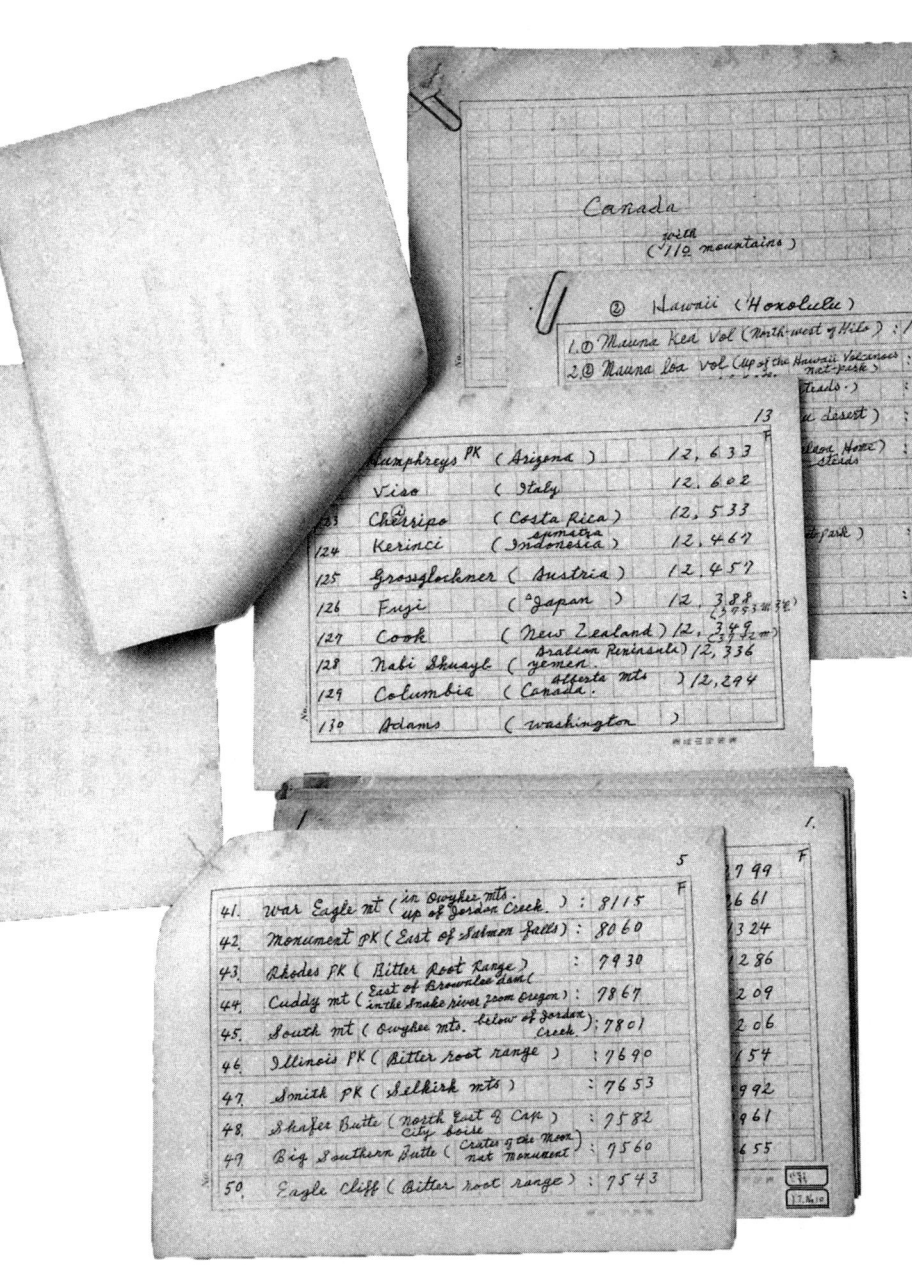

Canada
 with
 (112 mountains)

② Hawaii (Honolulu)
1.① Mauna Kea Vol (North-west of Hilo) : 13,7
2.② Mauna Loa Vol (Hq of the Hawaii Volcanoes nat. park) : 13,6

	Humphreys Pk	(Arizona)	12,633	
	Viso	(Italy)	12,602	
123	Chirripo	(Costa Rica)	12,533	
124	Kerinci	(Sumatra Indonesia)	12,467	
125	Grossglockner	(Austria)	12,457	
126	Fuji	(Japan)	12,388 (3,7953m 38')	
127	Cook	(New Zealand)	12,349 (3,7492m)	
128	Nabi Shuayb	(Arabian Peninsula / Yemen)	12,336	
129	Columbia	(Alberta mts / Canada)	12,294	
130	Adams	(Washington)		

41.	War Eagle mt	(in Owyhee mts. up of Jordan Creek)	: 8115	
42.	Monument Pk	(East of Salmon falls)	: 8060	
43.	Rhodes Pk	(Bitter Root Range)	: 7930	
44.	Cuddy mt	(East of Brownlee dam in the snake river, from Oregon)	: 7867	
45.	South mt	(Owyhee mts. below of Jordan Creek)	: 7801	
46.	Illinois Pk	(Bitter root range)	: 7690	
47.	Smith Pk	(Selkirk mts)	: 7653	
48.	Shafer Butte	(north East of Cape City Boise)	: 7582	
49.	Big Southern Butte	(Craters of the moon nat. monument)	: 7560	
50.	Eagle Cliff	(Bitter root range)	: 7543	

에필로그

만년의 서정주가 어떤 모습이었는지 동구기는 잘 모른다. 그러나 누구나 그렇듯 서정주 역시 생로병사의 고통으로부터 벗어나기 어려웠다. 그는 목숨이 다하는 그날까지 시를 쓸 순 없었다. 시가 잘 안 되는 날이 점점 많아졌다. 절대자아의 독창성과 만족 없는 탐구를 추구했지만 육체적 나이는 어쩔 수 없었다.

집안에 부부만 사는데 아내가 먼저 몸져누웠다. 시인의 아내는 자기 한 몸 가누기 힘들어한다. 1938년에 결혼해서 어느덧 63년을 함께 살았다. 시인은 그런 아내를 바라보며 젊은 날 쓴 시 한 편을 떠올려 보았다.「내 아내」였다.

**나 바람나지 말라고
아내가 새벽마다 장독대에 떠 놓은**

삼천 사발의 냉숫물.

내 남루와 피리 옆에서
삼천 사발의 냉수 냄새로
항시 숨 쉬는 그 숨결 소리.

그녀 먼저 숨을 거둬 떠날 때에는
그 숨결 달래서 내 피리에 담고,

내 먼저 하늘로 올라가는 날이면
내 숨은 그녀 빈 사발에 담을까.

지아비의 시는 '피리'로 표현되고 아내의 정성은 '사발'로 표현되었다. 부부지간의 숨결은 따로따로다. 누가 먼저 가는가, 피리에 담는가, 사발에 담는가의 차이만 있을 뿐이다. 한날한시에 하늘로 돌아갈 수 없다는 걸 시인은 예견한다.

    이별의 시간이 다가왔다. 2000년 10월 10일 아내가 먼저 운명했다. 그로부터 두 달 반 뒤에 시인도 임종했다. 시인은 아내 먼저 간 지상에서 혼자 살기 힘들었다. 미국에 체류하는 두 아들

『미당 서정주 전집』 2, 378면

이 미국으로 모셔가고자 했지만 한국의 대표 시인인 그가 미국 땅에서 운명할 일은 아니었다. 시인은 아내와 사별한 후에 곡기를 끊었다. 일부러 아주 조금씩만 먹으면서 귀천할 날을 준비하는 옛날 어른들 방식이었다.

그해 12월 24일 성탄절 이브날 서울 일원에 폭설이 내렸다. 명시「내리는 눈발 속에서는」에서 보는 그런 눈이었다. 괜찬타, 괜찬타, 괜찬타…며 눈이 내렸다. 그날 밤 11시, 시인을 서울삼성병원에서 임종했다. 20세기가 그렇게 저물었다.

정확하게 68년 전 같은 날 시인 김소월도 임종했다. 그래서 김소월과 서정주는 운명일이 같다. 앞으로 문단에서 추모제를 지낸다면 두 시인을 같이 지내는 게 좋겠다. 누가 뭐래도 두 사람은 20세기 한국문학의 가장 위대한 시인이다.

동구기는 노년의 미당 아바타를 상상하기 싫었다. 다만 그의 노년 시를 보면서 할아버지 서정주의 마음을 헤아리고는 싶었다. 가장 가슴 짠한 작품은「늙은 사내의 시」였다.

▶
「내 아내」육필 시작노트

내 아내

~~친정의 혼사라 먼길~~
~~종산 애비 하는 것 뒤 돼라.~~
~~내가 돌아 왜인 위기가 사라~~
~~내~~ ~~죽게 되어~~
~~아내의 후일은 그에게 서렀겠다~~

우눈가에

나 바람 나지 말라고
아내가 새벽마다 ~~장독대~~에 떠다 놓은
삼천 사발의 냉숫 물.

※ 삼천 사발의 냉수 냄새로
~~내결에 내 혼백관과 되러 열어서~~
항시 숨쉬는 그 숨결소리.

그녀 ~~없어~~ 걷워
~~내 영혼가~~ 숨은 걷우여 더 늘때에는
그 숨결 달려와 내 머리에 닫고

내 먼저 하늘로 올라간 다음 날
내 숨을 그녀 빈 사발에 담으리라 ~~은 게~~

1969. 3. 10. 새1박
2박

내 나이 80이 넘었으니
시를 못 쓰는 날은
늙은 내 할망구의 손톱이나 깎아 주자.
발톱도 또 이뿌게 깎아 주자.
훈장 여편네로 고생살이하기에
거칠 대로 거칠어진 아내 손발의
손톱 발톱이나 이뿌게 깎아 주자.
내 시에 나오는 초승달같이
아내 손톱 밑에 아직도 떠오르는
초사흘 달 바래보며 마음 달래자.
마음 달래자. 마음 달래자.

시는 쉽고 단순했다. 기교도 없었다. 소박하고 절절했다. 가슴이 뭉클해서 말이 잘 나오지 않았다. 시 쓰는 손으로 아내의 손톱을 깎아주는 시인의 일상이 짠하기만 했다. 평생 고생을 많이 하면서 살았으니 이왕이면 예쁘게 깎아주고 싶다고 했다. 그러고는 아내의 손톱 밑에 아직도 떠오르는 초사흘 달을 바라보며 마음을 달래고 싶다고 했다. 무슨 시가 이렇게 조촐하면서도 아름다운가. 노자가 이르기를 대교약졸大巧若拙이라(『도덕경』45

「미당 서정주 전집」 5, 395면

장), 큰 기교는 기교가 없는 것처럼 수수해 보인다고 했는데 이 시가 바로 그런 경지였다.

여인 손톱 밑의 초사흘 달 무늬는 미당이 그토록 사랑하는 아름다움의 대표적인 표상이었다. 손톱이야말로 인체의 가장 오묘한 반투명 커튼이었다. 눈을 빼곤 모두가 투명하지 않은 게 인체인데 그나마 반투명한 것이 손톱이라고 생각했다. 그런 중간지대. 인체 속의 피도 적당히 얼비치는 연분홍 커튼. 시인에겐 그것이 바로 손톱이었다.

병들어 누운 아내의 손톱을 깎아주는 시인 할아버지의 손 역시 떨린다. 제대로 깎아줄 수는 있으려나. 상상만 해도 두 부부의 늙어가는 날들이 안타깝다. 그래도 이 할아버지는 아름다움의 마지막 그림자를 바라보면서 자기 마음을 달래고자 애쓴다. 병든 수캐처럼 헐떡거리며 달려오던 젊은 날의 시인은 이제 아내의 손톱을 바라보며 마음을 달래려 한다. 마음을 달랜다는 것은 어떤 뜻일까. 당신도 한때는 아름다운 사람이었지! 이런 것일까? 나는 아직도 가슴이 두근거려요! 그래서 달래야만 해요! 이런 것일까.

이제 동구기는 서정주 시인의 처음과 끝을 나란히 붙여

서 이야기를 새로 만들어보고 싶다. 서정주는 1936년에 〈동아일보〉 신춘문예로 등단했지만 그 전부터 신문에 투고를 해오던 독자였다. 그의 첫 작품이 신문에 소개된 것은 1933년 12월 24일 〈동아일보〉 지면이었다. 제목이 「그 어머니의 부탁」이다. 그러니까 그는 시인으로 탄생한 날 시인으로서의 생을 마감한 셈이다. 그리고 본인 명시의 배경처럼 폭설이 내리는 가운데 하늘로 돌아갔다.

첫 발표작의 내용은 일본에 간 아들을 위해 편지를 쓰고 싶은 이웃집 어머니를 위해 대필을 한다는 내용이다. 오래된 〈동아일보〉 지면을 확인했는데 지금은 쓰지 않는 옛 표현들이 많아서 현대 표기로 바꾸었다.

(열흘 전에 일본 간 내 아들에게 편지를 써달라고 종남 어머니가 봉투를 가지고 왔다.-)

무사히 갔느냐고 그렇게 써주소.
진서는 쓰지 말고 알기 쉽게 써주소.
그 애 글자 본받아서 쪼록쪼록 써주소.

일본은 ××의 땅 몸조심 하라고
그러고 또 한 줄은 이렇게 써주소
하니나 하니나 싸움에 갈세라고

어머니는 밤낮으로 그것이 심해라고
불쌍하게 생각하게 정신 들여 써주소
장터에서 하던 말 잊지를 말래소

착실히 하래소 고닥새 나오라소
'네'가 심은 동백나무 머물었다 하이소
이 늙은 년 궁한 말은 쓰지도 마아소

시인으로서의 첫 출발 작품이 다른 사람의 글을 대신해서 써준다는 내용이다. 놀랍게도 미당의 마지막 작품도 비슷한 내용으로 구성되었다. 동구기는 서정주 시의 처음과 끝을 함께 보면서 온몸에 소름이 돋는 것을 느꼈다. 그의 마지막 발표작은 잡지 『시와 시학』 2000년 봄호에 수록된 「겨울 어느 날의 늙은 아내와 나」였다.

〈동아일보〉, 1933.12.24
학예면

오랜 가난에 시달려 온 늙은 아내가
겨울 청명한 날
유리창에 어리는 관악산을 보다가
소리 내어 웃으며
"허어 오늘은 관악산이 다아 웃는군!" 한다.
그래 나는
"시인은 당신이 나보다 더 시인이군!
나는 그저 그런 당신의 대서쟁이구……" 하며
덩달아 웃어 본다.

시인은 제일 마지막 작품에서 자기의 아내가 진정한 시인이고 자기는 그런 아내의 대서쟁이라고 고백한다. 이 말을 액면 그대로 받아들이면 안 된다는 걸 동구기는 직감적으로 알았다. 시인은 원래가 만물의 언어를 다 알아듣는 사람이다. 고등학교 때 배우기를 서정시의 본질은 '세계의 자아화'라고 하는데 이건 결국 세상의 모든 사물들의 언어를 익혀서 자기 말로 바꾼다는 뜻이다. 바람이, 구름이, 시냇물이 이런 식으로 이야기를 하네! 이렇게 노래하는게 서정시란 뜻이다.

그러고 보면 서정시인은 결국 사물들의 이야기를 대신

「미당 서정주 전집」 5, 426면

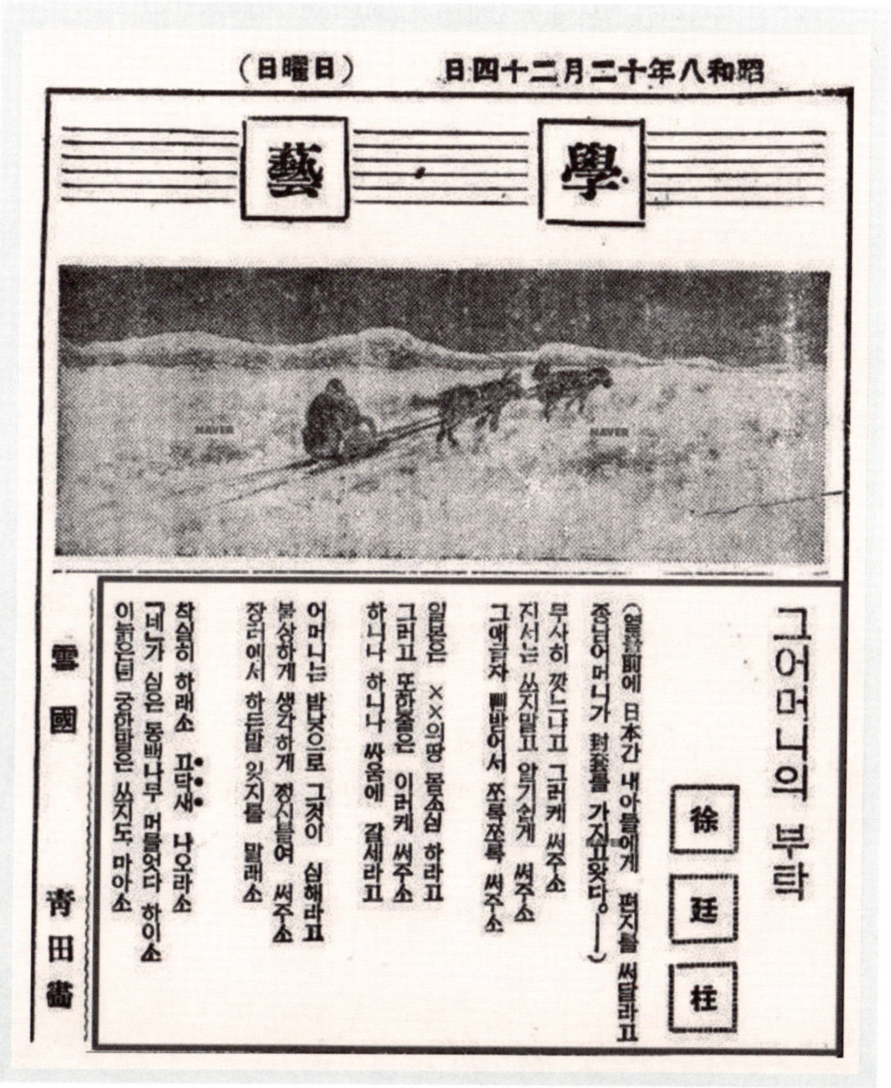

昭和八年二月二十四日 (日曜日)

學藝

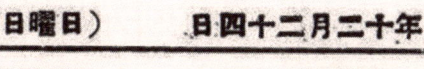

그어머니의 부탁

徐廷柱

(열흘前에 日本간 내아들에게 편지를 써달라고 종남어머니가 封套를 가지고왓다。—)

무사히 갓느냐고 그러케 써주소
지서는 쓰지말고 알기쉽게 써주소
그애글자 빨바어서 쪼륵쪼륵 써주소
일본은 ××의땅 몸조심 하라고
그러고 또한줄은 이러케 써주소
하나나 하나나 싸움에 갈세라고
어머니는 밤낮으로 그것이 심해라고
불상하게 생각하게 정신들여 써주소
장엄에서 하든말 잇지를 말래소
착실히 하래소 끄막새 나오라소
「네가 심은 동배나무 머들엇다 하이소
이늙은데 궁한말은 쓰지도 마아소

雪國 靑田畵

동아일보 해당 지면

해주는 사람이란 결론에 이르게 된다. 68년 동안 시를 쓰고 86년 동안 이 땅에서 살다간 시인의 마지막 작품이 바로 시인의 본질에 대한 이런 고백이었던 것이다. 시인은 사물의 언어를 대신 전해주는 사람! 처음 시도 이 원칙을 선언했고 마지막 시도 이 강령을 천명했다.

미당은 당나라 시인 이백을 좋아했다. 이백은 하늘에서 귀양 온 신선이라 해서 적선謫仙이라고도 불렸다. 동구기는 어쩌면 시인 서정주도 이 땅에 귀양살이 온 전생의 신선이 아닌가 생각했다. 그의 시는 모국어의 찬란한 꽃밭이었으나 그에게는 영광만 있지 않았다.「자화상」의 예지가 보여준 것처럼 죄인과 천치의 손가락질이 따라다녔다. 이것은 그가 생전에도 사후에도 감내해야 할 운명이었다.

그러나 한국어가 사라지지 않는 한 그의 시는 오래 사랑받을 것이다. 어느 귀신같은 솜씨가 바느질 자국 하나 없는 하늘나라의 옷을 또 지어낼 것인가. 시는 언어로 만든 옷 아니던가. 그는 한때 인터뷰에서 이런 이야기를 했다.

시인이 시인이려면 무엇보다도 먼저 자기 모국어를 통한 시적 언어 매력체를 어떻게 잘 구성해 내느냐는 데 달렸지만, 여기에서도 언어 전통은 또 어린애 입에 젖줄처럼 또 늘 이어서 작용하는 것이었다고 나는 회고합니다. 특히 내 시들에서 많이 보여 온—말한 것 그것 자체가 아니라, 그것이 암시하는 언외言外의 함축력 그것에 더 많이 의존해 온 점 같은 것도 말하자면 역시 우리 국어를 비롯한 중국어 등의 동양어들의 전통적 장점을 따른 것입니다. 서양의 현대시들은 늘 더 많이 노출에만 힘써 왔지만, 이게 질리는 때가 오면 우리 동양의 우아한 암시적 표현 쪽에 기울어져 올 날이 기필코 있으리라는 확신 때문이지요. 시의 언어 표현자로서의 자기라는 것은 그 모국어를 자료로 스스로 자기 옷을 지어 입는 재단사와 같을 따름인 것이니까요.

최고의 시는 어떠해야 하는가에 대한 답이 여기에 있다. 노출하지 말고 암시할 것! 옷을 지어 만들되 바느질 흔적이 안 보이는 천의무봉天衣無縫한 경지를 보일 것!

「시인은 언어로 옷을 지어 입는 재단사」, 「소설문학」, 1982.1, 139면

겨울 어느날

~~최흥철~~

오랜가뭄에 시
겨울 청명한
유리창에 어리는
소리 없는 울음과
서러움도 안쓴
그래 나는
시인은 당신이니
나는 그저 클린 당

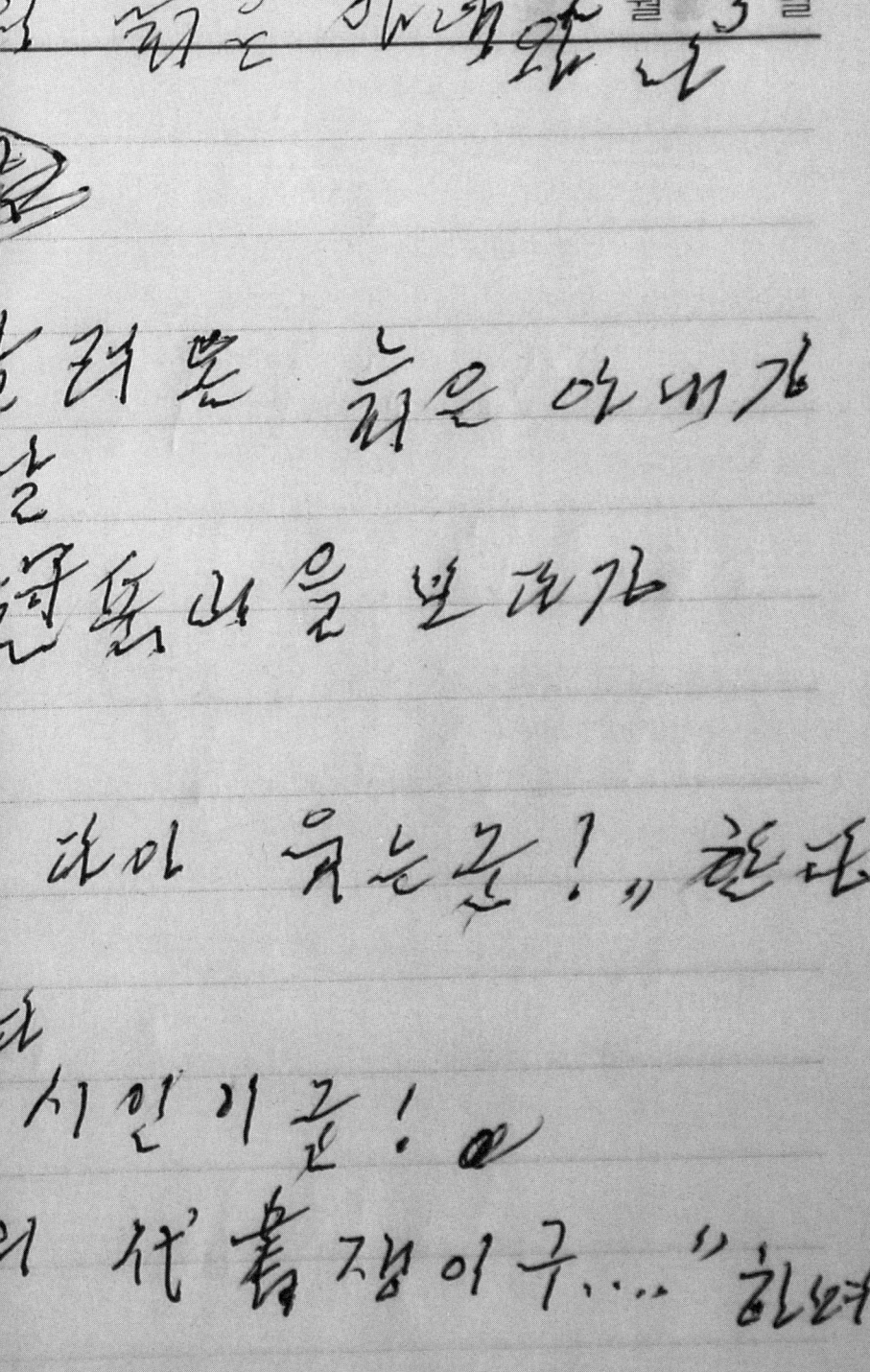

동구기는 평소에 애송하는 「연꽃 만나고 가는 바람같이」를 읊으며 메타버스 스튜디오 안에서 걸어 나왔다. 한국어의 천의무봉한 경지를 새삼스레 느꼈다. 시를 읊는다는 건 내가 언어의 밥을 먹는 게 아니었다. 내 숨소리 바깥의 세상을 향해 내가 시의 밥을 먹여주는 것이었다. 낭송을 하면 배가 고파진다는 말이 실감났다. 가을 햇살이 내렸다. 지상 전체가 쌀밥처럼 고슬고슬했다. 온몸이 시원하기도 했다. 미당의 바람을 한껏 쐬고 나오는 기분이었다.

섭섭하게,
그러나
아조 섭섭치는 말고
좀 섭섭한 듯만 하게,

이별이게,
그러나
아주 영 이별은 말고
어디 내생에서라도
다시 만나기로 하는 이별이게,

연꽃
만나러 가는
바람 아니라
만나고 가는 바람같이……

엊그제
만나고 가는 바람 아니라
한두 철 전
만나고 가는 바람같이……

「미당 서정주 전집」 1, 242~243면

저자 후기

뛰어난 예술가에 대한 평가의 글은 어렵다. 그에 관한 글은 언제나 그 자신의 예술을 뛰어넘을 수 없다. 서정주에 대해 아무리 훌륭한 글을 쓴다 해도 서정주의 시보다 재미없을 게 뻔하다. 일류 예술가일수록 더 그렇다. 피카소의 1차 텍스트보다 강렬한 충격을 주거나 타인의 예술적 영감을 자극하는 2차 텍스트는 없다. 모든 종류의 해설은 작품의 진면목을 감상하는 길 입구의 조그마한 안내판일 뿐이다.

비록 길 입구의 안내판일지라도 새로운 세대를 위한 글을 쓰려니 급변하는 문화변동 시대의 테크놀로지를 공유하는 게 좋을 듯하다. 서정주 아바타의 등장은 이런 맥락에서 '읽기의 재미'를 위해 전략적으로 고려된 장치다. 딥러닝 기술을 갖춘 인공지능 시인과 인터뷰하는 학생을 배치하는 방식 역시 미래 교육의 중대한 변화상을 미리 살피자는 심산이다.

서정주 아바타는 자기의 모든 경험을 기억하는 인공지능 프로그램이다. 그러므로 이 캐릭터는 서정주의 모든 나이를 살아간다. 그는 한 살 무렵의 아스라한 기억부터 임종 직전의 모든 기억을 실시간으로 재현할 수 있고, 자기가 창작한 텍스트의 배경과 맥락을 정확하게 기억할 뿐만 아니라 심지어는 자신의 모든 텍스트를 암기하기까지 한다. 그 자신이 완전한 텍스트다. 이것이 가능할까?

서정주 아바타는 소프트웨어이므로 누가 설계하는가에 따라 기능과 효율이 다르다. 이 설계자가 미래의 문학연구자가 될 것이다. 수많은 전공자들이 협력해야 가능해진다. 협력하면서 창조하는 협창 능력이 전적으로 중요해지는 것이다. 창의creation과 협력collaboration이 결합하는 협창성cocreation이 트렌드가 될 것이다. 문학 내부만이 아니라 서정주의 경험을 구축한 모든 종류의 지식과 정보와 느낌들을 교향악단처럼 다룰 줄 아는 지휘 시스템이 내가 생각하는 미래 교육과 연구의 선도적인 콘텐츠가 될 것이다.

서정주의 문자 텍스트를 읽지 않고 인간화된 아바타를 만나서 대화를 나누는 게 이 책의 성격이다. 이야기를 이끌어가는 주인공은 소프트웨어 개발자다. 그는 서정주의 아바타를 만들어가는 과정을 경험한 뒤, 스스로를 대학 신입생 아바타로 만들어 일반인들을 위한 토크 프로그램을 운용한다. 이때 독자나 청중이 누구인가가 중요하다. 수용자에 따르는 맞춤형 프로그램이 그가 추진하는 아바타 프로젝트의 주요한 특색이다.

 서정주처럼 풍성한 이야기 주제를 가진 예술가를 만나기란 쉽지 않다. 그는 이 지상에서 86년을 살았고 문학적으로는 과거-현재-미래의 삼생三生을 살았다. 지구촌 곳곳을 실제로 돌아다녔고 많은 사상과 종교와 이념들을 편력했다. 읽기와 쓰기와 몸 체험을 통해 시간과 공간 속을 자유롭게 떠돌았다. 한바탕 바람처럼 잘 놀다가 갔는데 이 바람이란 건 언제 어디서든 다시 살아나는 것이어서, 어느 먼 미래 독자의 마음속에서 꽃송이처럼 피어나거나 브라질 밀림에 사는 초록도마뱀의 날랜 동작같은 것으로 모습을 바꾸어 거듭거듭 새로 태어나는 것이다.

 생의 심층 매력을 탐구하는 태도와 시의 본질을 지향하는 자세는 언제나 진지하고 치열했다. 그의 대표작들이 어찌 한국어의 명품 문화유산이 아니랴. 서정주 시 정신이 도달한 산맥의 높이와 바다의 깊이가 헤아리기 어렵다는 걸 느끼는 순간 그는 비로소 명품 문화유산 앞에 선 눈 밝은 감상자요 가슴 따뜻

한 향유자가 된다.

　가까이에서 배울 때 나눌 수 있는 말이 얼마나 무궁무진했었던가. 큰 바다의 해변에 앉아 바닷물 한 됫박 겨우 퍼낸 정도밖에 대화하지 못한 아쉬움이 늘 컸다. 전집을 만들기 위해 그의 모든 텍스트를 조사하고 읽고 또 읽으며 비로소 시인의 마음속 나라를 제대로 구경하게 되었다. 그런 나라를 새로운 세대들에게 안내하는 게 나의 역할인 듯싶다.

　글을 쓰면서 나는 때때로 서정주 자체가 되는 경험을 한다. 그러고는 니체가 스스로에 대해 썼던 책의 제목처럼 말한다. '이 사람을 보라 Ecce Homo.'

부록

서정주 프로필
참고문헌

서정주 프로필

1915 6월 30일(음력 5월 18일), 전라북도 고창군 부안면 선운리(질마재 마을) 578번지에서 서광한(1885~1942)과 김정현(1886~1981)의 장남으로 출생.
1924 부안면 줄포로 이사.
줄포공립보통학교 입학, 6년 과정 5년 만에 수료.
1929 중앙고등보통학교 입학. 11월, 광주학생 항일운동 지지 시위 참여.
1930 11월, 광주학생 항일운동 1주년 지지 시위로 학교에서 퇴학.
1933 개운사 대원암 중앙불교전문강원에서 불경 공부.
12월 24일, 동아일보에 첫 작품 『그 어머니의 부탁』 발표.
1935 중앙불교전문학교 입학.
1936 동아일보 신춘문예에 『벽壁』 당선. 『시인부락』 편집인 겸 발행인.
1938 전북 정읍에서 방옥숙과 결혼.
1941 첫 시집 『화사집』 출간.
1942 부친 별세.
1945 마포구 공덕동 301번지로 이사.
1948 제2시집 『귀촉도』, 『김좌진 장군전』 출간.

1949 『이승만 박사전』 출간.

1950 6.25전쟁이 나자 조지훈, 이한직과 서울 탈출. 종군기자 활동.

1956 제3시집 『서정주 시선』 출간.

1959 동국대학교 전임강사. 『시문학개론』 출간.

1961 제4시집 『신라초』 출간.

1968 제5시집 『동천』 출간.

1970 3월, 서울시가 조성한 관악구 사당동(현 남현동) 예술인마을에 황순원, 이원수, 이해랑 등과 함께 이주.

1972 10월, 『서정주문학전집』(전5권) 출간.

1975 『서정주 육필시선』, 제6시집 『질마재 신화』, 『나의 문학적 자서전』 출간.

1976 제7시집 『떠돌이의 시』 출간.

1977 장편소설 『석사 장이소의 산책』, 자서전 『천지유정』 출간.
11월, 세계 일주 여행.

1980 세계 방랑기 『떠돌며 머흘며 무엇을 보려느뇨』, 제8시집 『서으로 가는 달처럼…』 출간.

1982 제9시집 『학이 울고 간 날들의 시』 출간.

1983 제10시집 『안 잊히는 일들』, 『한용운 한시 선역』 출간.

1984 제11시집 『노래』 출간. 프랑스 정부 지원으로 2차 세계 여행.

1988 제12시집 『팔할이 바람』 출간.

1991 제13시집 『산시』, 『서정주 세계 민화집』(전5권), 『미당 서정주 시전집』(전2권), 음향시 『화사집』(윤정희 낭송, 백건우 연주) 출간.

1992 7월, 부인과 함께 모스크바 유학. 소련 해체 후 불안정한 정세로 유학 포기. 미국 큰아들 집에 머물다 11월 귀국.

1993 희곡·장편소설 『영원의 미소·석사 장이소의 산책』, 『우리나라 신선

선녀 이야기』(전5권), 산문집『미당 산문』, 제 14시집『늙은 떠돌이의 시』
출간.
1997 제15시집『80소년 떠돌이의 시』출간.
2000 『시와 시학』(봄호)에 마지막 작품『겨울 어느 날의 늙은 아내와 나』
발표. 12월 24일 영면. 금관문화훈장 추서.

참고문헌

서정주, 『미당 서정주 전집』(1~20), 은행나무, 2015~2017.
서정주, 『화사집』, 남만서고, 1941.
서정주, 『귀촉도』, 선문사, 1948.
서정주, 『서정주시선』, 정음사, 1956.
서정주, 『신라초』, 정음사, 1961.
서정주, 『동천』, 민중서관, 1968.
서정주, 『서정주문학전집』, 일지사, 1972.
서정주, 『질마재 신화』, 일지사, 1975.
서정주, 『떠돌이의 시』, 민음사, 1976.
서정주, 『서으로 가는 달처럼…』, 문학사상사, 1980.
서정주, 『학이 울고 간 날들의 시』, 소설문학사, 1982.
서정주, 『안 잊히는 일들』, 현대문학사, 1983.
서정주, 『노래』, 정음문화사, 1984.
서정주, 『팔할이 바람』, 혜원출판사, 1988.
서정주, 『산시』, 민음사, 1991.
서정주, 『늙은 떠돌이의 시』, 민음사, 1993.

서정주, 『80소년 떠돌이의 시』, 시와시학사, 1997.

서정주, 『김좌진 장군전』, 을유문화사, 1948.

서정주, 『이승만 박사전』, 삼팔사, 1949.

서정주, 『시인은 언어로 옷을 지어 입는 재단사』, 『소설문학』, 1982.1.

『도덕경』

〈동아일보〉, 1933.12.24.

『시인부락』, 1936. 11, 1937.1.

『여성』, 1940.5.

『춘추』, 1943.10.

『통감절요』

김구, 『백범일지』, 도서출판 국사원, 1947.

다나카 후유지田中冬二, 『田中冬二 全集』, 찌꾸마쇼보[筑摩書房], 1984.

조지프 나이, 홍수원 역, 『소프트파워』, 세종연구원, 파라마한사, 2004.

요가난다, 김정우 옮김, 『요가난다, 영혼의 자서전』, 뜨란, 2014.

피터위어, 『죽은 시인의 사회』, 1989.

한용운, 『한용운 전집』, 신구문화사, 1973.

지은이 · 윤재웅

1961 경남 통영 출생했다.
1979 용산고등학교 재학 시절 만해 한용운 탄생 백주년 기념
제1회 만해백일장에 시를 출품해 대상을 받았다.
동국대학교를 국어국문학과를 졸업했으며, 동 대학원에서
『서정주 시 연구』로 박사학위를 취득했다.
1991 세계일보 신춘문예 문학평론으로 등단했다.
2003 동국대학교 국어교육과 교수로 부임했다.
2015 『미당 서정주 전집』(전 20권) 간행에 편집위원으로 참여했다.
주요 저서로 『미당 서정주』(1998), 『문학비평의 규범과 탈규범』(1998),
『유럽인문산책』(2020), 『누구의 흰 가슴에 붉은 꽃이 피는가』(2021)가
있고, 시집 『어쩌라구』(2021)와 『들썩들썩 채소학교』(2011)를 비롯한
여섯 권의 동화책을 간행했다.
동악어문학회 회장, 문학과환경학회 회장을 역임했으며
현재 장애와문학학회 회장, 사단법인 미당기념회 사무총장,
동국대학교 만해연구소 소장을 맡고 있다.

'이 사람을 보라' 간행위원회

증명 — 성우
고문 — 성월, 돈관
간행위원장 — 윤성이, 박대신

간행위원 —
이영경, 채석래, 종호, 곽채기, 김관규
문선배, 임선기, 최대식, 윤재민, 조충미
박정오
김종윤, 김양수
윤재웅, 이계홍, 유권준, 신홍래, 신관호
이용범, 신미숙, 박기련, 지정학, 김애주
김성우, 김창현, 김정은

이 사람을 보라
한국시의 큰 별, 미당 서정주

2022년 5월 6일 1쇄 발행
2023년 3월 6일 2쇄 발행

글쓴이 — 윤재웅
발행인 — 박기련
발행처 — 학교법인 동국대학교 출판문화원

출판등록 — 제2020-000110호(2020.7.9)
주소 — 04626 서울시 중구 퇴계로36길2 신관1층 105호
전화 — 02-2264-4714
팩스 — 02-2268-7851

Homepage — http://dgpress.dongguk.edu
E-mail — abook@jeongjincorp.com

디자인 — 씨디자인
인쇄 — 신도

ISBN 979-11-91670-26-4 03810
값 12,000원

이 책의 무단 전재나 복제 행위는
저작권법 제98조에 따라 처벌받게 됩니다.